헤지카즘의 신학자
성 그레고리오스 팔라마스

정교회 헤지카즘의 역사와 신학

헤지카즘의 신학자
성 그레고리오스 팔라마스

▌정교회 헤지카즘의 역사와 신학▐

존 메이엔도르프 **지음** · 박노양 **옮김**

✠ 정교회출판사

Saint Grégoire Palamas et la mystique orthodoxe
by Jean Meyendorff
© Edition du Seuil, 1959 et 2002

Korea translation copyright © orthodoxeditions 2019
This Korean edition was published by arrangement with Edition du Seuil.

이 책의 한국어 판 저작권은 Seuil사와 독점 계약한 정교회출판사에 있습니다.
저작권법에 의해 한국 내에서 보호를 받는 저작물이므로
무단 전재 및 무단 복제를 금합니다.

차 례

▫ 서문 ·7

동방 수도승들의 영적 전통 ·11

초기 수도원 운동 ·11

폰투스의 에바그리오스와 순수기도 ·22

이집트 성 마카리오스와 마음의 신비 ·28

예수 기도 ·38

신화 교리 : 니싸의 그레고리오스와 고백자 막시모스 ·50

신신학자 시메온(917-1022) ·61

13~14세기 비잔틴 헤지카즘 ·71

그레고리오스 팔라마스, 헤지카즘의 신학자 ·91

젊은 시절 ·91

발람, 그리고 아킨디노스와의 논쟁 ·107

헤지카즘 신학 ·136

그리스도교적 실존주의(existentialisme chrétien) ·152

팔라마스 이후의 헤지카즘 ·169

14세기부터 오늘날까지의 동방 그리스도교 헤지카즘 ·169

러시아의 헤지카스트 전통 ·188

결 론 ·225

▫ 연대기 ·235
▫ 색인 ·241
▫ 참고 문헌 ·251

서문

정교의 횃불, 교회의 토대요 박사, 수도자들의 모범, 신학자들의 불패의 동맹, 놀라운 이적의 행위자, 테살로니키의 자부심, 은총의 영웅, 오 그레고리오스 성인이여, 우리 영혼의 구원을 위해 끊임없이 중보해 주소서.

성 그레고리오스 팔라마스(st. Grégoire Palamas)에게 바쳐진 이 성가는 사순대제 두 번째 주일 전례에서 불려진다. 이를 통하여 정교회는 비잔틴 제국의 멸망 약 백 년 전, '헤지카즘(hésychasme)'이라는 동방 그리스도교의 관상 수도원 전통을 정교회 교리와 종합해냈던 이 성인을 공경한다.

◀ 성 그레고리오스 팔라마스(1296~1359)
14세기(프레스코), 바토페디 수도원, 아토스

헤지카즘은 그 기원이 사막 교부 시대에 맞닿아 있는 수도원 운동이다. 물론 '정교 신앙의 신비'를 대표하는 것이 이것만은 아니다. 그밖에도 다양한 형태의 신앙의 신비가 알려져 왔다. 특별히 팔라마스가 '정교회 신비 신앙'의 박사로 여겨지는 것은 바로 그가 그저 '하나의 영성파'라는 틀 안에 머물지 않고 그것을 넘어서고 있다는 점과 그의 저작을 통해 그리스도교 신비의 본질 그 자체를 되살려냈다는 점 때문이다.

팔라마스 시대에, 동방 그리스도교의 수도 운동은 이미 오랜 역사를 가지고 있었다. 위대한 영성의 박사들은 그에게 방대한 문헌을 남겨주었다. 그는 그들이 겪은 영적 싸움을 잘 알고 있었고, 그의 동시대 사람들에게 크게 존경받았다. 과거 전통의 이 모든 유산을 팔라마스는 주저함 없이 모두 받아들였다. 하지만 그의 역할은 이 과거에서 변함없는 영적·교리적 요소를 발굴해 내는 것이었다. 그것도 르네상스의 정신이 비잔틴 제국에 불어오기 시작했고 서방 그리스도인들이 그 역사에서 가장 근본적인 변화들 중 하나를 겪고 있었던 시기에 말이다. 근대는 중세가 절대화했던 그 많은 가치를 결정적으로 황폐하게 만들어 버림으로써 그리스도교의 본질을 붕괴시켜 버리고 말 것인가? 이 새로운 도성(都城)은, 지성과 피조 세계의 자율성을 획득한 뒤에도, 그리스도가 모든 인간적 성취들과는 관계없이 가져오신 초자연적인 생명에 조금의 여지라도 남겨 둘 것인가?

팔라마스의 저작은 바로 이와 같은 질문에 긍정적인 답변을 내놓는다. 동방교회가 14세기 비잔틴에서 그가 이룩해 낸 교리적 승리를 어떤 특별한 신비 운동의 승리가 아니라 정교 신앙 자체의 승리로 여긴 이유가 바로 여기에 있다. 이렇게 해서 교회의 선언은 순전히 수도원적인 영성 전통 안에 영속적이고 보편적으로 존재해 온 요소들을 밝히 드러냈다.

▲ 예수 그리스도
12세기(모자이크), 팜마카리스토스 성당, 이스탄불

사막의 수도승 ▲
11세기(사본)

동방 수도승들의 영적 전통

초기 수도원 운동

초기 그리스도교 공동체는 지속적인 제도로서의 수도원 운동을 알지 못했다. 일견, 이것은 매우 놀라운 사실처럼 여겨진다. 최근의 연구는 초기 교회와 그리스도 시대의 유대교 예언자 전통과의 관련성을 점점 더 분명하게 드러내 주고 있다. 유대교는 오래전부터 수도승과 은둔자를 가지고 있었다. 기성 종교의 타협주의를 공격했던 예언자들은 광야의 영성을 발전시켰다. 중동의 백성에게 물이 없다는 것은 분명 가장 큰 저주였다. 황폐한 땅, 광야는 맹수만 살 수 있는 곳이고, 자연환경은 온통 사람에게 불리하고 적대적이어서 하느님의 원수인 사탄의 손아귀에 놓인 곳처럼 여겨졌다. 하지만 그곳은 야훼 하느님의 권능이 가장 분명하게 드러나는 곳이기도 했다. 왜냐하면 그곳에서 사람은 하느님의 권능 밖에서는 생존의 어떤 희망도 가질 수 없었기 때문이다. 그곳에서 야훼는 바로 구원자 하느님이시기 때문이다.

> 우리를 이집트 땅에서 이끌고 올라오신 분, 광야에서 우리를 인도하신 분은 어디 계신가? 사막과 구렁의 땅에서, 가뭄과 암흑의 땅에서, 어떤 인간도 지나다니지 않고 어떤 사람도 살지 않는 땅에서 우리를 인도하신 주님은 어디 계신가?(예레미야 2:6)

하느님이 이스라엘 백성에게 베푸신 가장 큰 은혜 중 하나는, 바로 그들을 광야에서 지키시고 인도하시고 이끌어내신 것이다. 반대로, 사탄이 열망하는 것은 그들을 이곳으로 이끌어 가는 것이다.

> 그 더러운 영이 그를 여러 번 사로잡아, 그가 쇠사슬과 족쇄로 묶인 채 감시를 받았지만 그는 그 묶은 것을 끊고 마귀에게 몰려 광야로 나가곤 하였다.(루가 8:29)

또한 고대의 '희생 염소' 제의도 염소 한 마리를 광야로 보내어 죽게 내버려 둠으로써 악한 영인 아자젤에게 속죄 제물을 바치는 것이었다.(레위기 16:8 이하)

그러므로 광야는 유대인들에게 악마의 거처로 인식되었고,

▲ 히브리인들을 쫓는 파라오
3세기(프레스코), 두라 에우로포스 시나고그

신약성경은 이러한 관념을 통째로 받아들였다.

> 더러운 영이 사람에게서 나가면, 쉴 데를 찾아 물 없는 곳을 돌아다니지만 찾지 못한다. (마태오 12:43)

그리스도교 이전의 유대교에서 수많은 은둔자가 생겨난 까닭은 무엇일까? 세례자 요한과 예수님 자신이, 선택받은 공동체, 이스라엘에게 주신 신의 가호의 증거인 성전을 떠나, 멀리 광야로 나간 까닭은 무엇일까? 무엇 때문에 인간의 아들(le Fils de l'Homme)은 40일 동안 악마의 시험을 받으러 광야로 나간 것일까?

한 개신교 저자는 이렇게 말한다.

> 하느님이 그의 백성을, 그의 아들(예수 그리스도)을, 또 나중에는 수많은 독수도승(獨修道僧)과 은수도승(隱修道僧)을 광야로 이끌어 간 것은 세상으로부터 도피시키기 위한 것이 아니었다. 오히려 그것은 그들이 하느님의 마음을 얻고, 가장 어렵고 힘든 그곳에서 하느님의 승리와 하느님의 정의를 드러내기 위한 것이었다. 더 나아가 예수가 기적을 행하신 후에 보통 광야로 물러나신 것도(마태오 1:35, 루가 4:42, 5:16), 은신처로의 도피라기보다는 … 오히려 하느님께 모든 영광을 돌려드려야 할 곳으로 가시기 위한 것이었다.[1]

옛 창조 역사는 "하느님이 보기에 탐스럽고 먹기에 좋은 온갖 나무를 흙에서 자라게 하셨던"(창세기 2:9) 에덴동산에서 시작되었지만, 반대로 복음의 선포는 광야에서 시작되었다.

> 하느님의 아드님 예수 그리스도의 복음의 시작. 이사야 예언자의 글에 "보라, 내가 네 앞에 내 사자를 보내니 그가 너의 길을 닦아 놓으리라." "광야에서 외치는 이의 소리. 너희는 주님의 길을 마련하여라. 그분의 길을 곧게 내어라"하고 기록된 대로 세례자 요한이 광야에 나타나 죄의 용서를 위한 회개의 세례를 선포하였다.(마르코 1:1-3)

광야는 이렇듯 하느님께 적대하고 사탄에 굴복한 이 세상, 그리하여 메시아가 오셔서 새로운 생명을 주실 이 세상에 대한 완벽한 예형(豫形 type)으로 보였던 것이다. 세례자 요한이 광

---

1 J.-J. von Allmen, dans le *Vocabulaire biblique*, Delachaux et Niestlé, Neuchatel, 1954, p. 203.

▲ **악마의 시험을 받는 그리스도**
12세기(모자이크), 산마르코 대성당, 베니스

야에서 메시아의 오심을 선포했듯이, 그리스도교의 수도승들도 광야로 물러나 악의 권세에 대항하여 싸우는 선봉대로서 그리스도의 다시 오심을 선포한다는 의식을 가졌다.

하지만 우리는 이렇게 자문해 본다. '수도 운동'의 이상(理想)이 활발하게 살아있었던 유대교를 나름대로 계승했던 초기 교회가, 3-4세기 지난 한참 후에나 비로소 선구자 세례 요한의 직접적인 모방자들을 그 품 안에서 보게 된 까닭은 무엇일까? 이 시기에는 교회 전체가 여행 중에 있고 세상으로부터 광야로 도피한 것이라는 자의식을 가졌기 때문이었다. 바로 이것이 묵시록의 저자가 '광야로 달아난 여인'이라는 이미지를 통해서 표현하고자 했던 것이다. (묵시록 12:6)

이렇게 히브리인들의 광야 유랑은, 오순절과 그리스도의

동방 수도승들의 영적 전통　15

재림 사이에서 끊임없이 악마의 시험을 받으며 살아가는 교회의 예형(豫形)이다.

> 형제 여러분, 나는 여러분이 이 사실도 알기를 바랍니다. 우리 조상들은 모두 구름 아래 있었으며 모두 바다를 건넜습니다. … 그러나 하느님은 그들 대부분이 마음에 들지 않으셨습니다. 사실 그들은 광야에서 죽어 널브러졌습니다. 이 일들은 우리를 위한 본보기로 일어났습니다. 그들이 악을 탐냈던 것처럼 우리는 악을 탐내지 말라는 것입니다.(1 고린토 10:1-6)

4세기, 그리스도교는 새로운 시대에 접어들었다. 옛날에는 아주 고립된 상태로 존재해 왔던 독수도승들에 이어 이제 수천 명의 사람들이 그들을 본받고자 따라 나섰다. 새로 제국의 보호를 받게 되었고 부와 특권에 호사를 누리게 된 교회 앞에서, 그들은 주님의 재림 때까지 교회가 지켜 가야 할 참된 면모를 그리스도교 공동체 안에서 보존하고자 했다. 그것은 바로 묵시록에 나오는 '광야로 달아난 여인'으로의 모습이었다. 루이 부이에(Louis Bouyer)는 이렇게 말한다.

> 요약컨대, 3, 4세기에 정말 새로웠던 것은 수도 운동이 아니었다. 새로운 것은 새롭게 개종한 수많은 그리스도교 신자들이 살아가는 일상적 모습이었다. … 그리스도인이 로마 제국의 관리가 되고, 고리대금주가 되고, 심지어 주피터 신전의 제관이 되어도 크게 문제가 되지 않았다. … 사모사

타의 바울로 사건을 처리했던 아우렐리우스와 같은 이교도 통치자의 예에서 볼 수 있듯이, 통치권자는 주교들을 더 이상 강도 집단의 수괴 다루듯 함부로 대하지 않았고 최선의 예를 갖추어야 할 고관 대하듯 하기 시작했다. … 지난 박해 시기에 한쪽 다리나 팔이나 눈을 잃어 불구가 된 사람은 거드름을 피우며 호사를 누렸다. 교회 전체가 이러한 변화를 따라갔다.[2]

그렇게 되자

> 그리스도인들이 세상을 피해 떠나기 시작한 것 같다. 세상이 그들을 받아들이려 하지 않았기 때문이다. 그들은 이러한 결별에 너무도 만족해했고 세상은 유화적으로 변했지만 더 이상 그런 세상을 받아들이려 하지 않았다.[3]

수도 운동은 교회 안에서 고대 이스라엘의 예언자적 사역을 담당했다. 너무나 쉽게 수많은 로마인과 그리스인을 신자로 확보할 수 있게 되었을 뿐만 아니라, 아무런 양심의 가책도 없이 '지극히 신실한 황제'의 너그러움으로부터 유익을 챙길 수 있게 된 부유해지고 무기력해진 교회에, 수도 운동은 평형추 역할을 했다. 동방 정교회의 전 역사를 통하여, 광야의 은수도승들, 기둥 위에서 몇 년씩 꼼짝 않고 기도에 정진했던 주

---

2 *Vie de St. Antoine par st.Athanase*, Edition de Fontenelle, Abbaye de Saint-Wandrille, 1950, pp. 9-11.
3 위의 책., p. 7.

상(柱上) 수도승들, 콘스탄티노플의 스투디오스 수도원처럼 수도적 이상을 도시 한가운데서 증언한 대수도원들은, 황제와 그리스도교 백성의 존경심을 자아냈고, 교회가 제국과 완전히 뒤섞여 혼동을 일으키는 일이 일어나지 않게 하였다. 이런 점에서 그들의 증언은 선택된 백성을 하나의 민족이나 국가와 동일시했던 구약성경과는 본질적으로 반대되는 신약성경의 증언이었다.

그리스도교 제국의 신정주의적(théocratique) 자만(自慢) 앞에서, 수도승들은 하느님 왕국은 미래의 왕국임을 확신했다. 역사 속에서 이 왕국은 하나의 사회 정치 체제가 아니라 하느님의 현존 그 자체이다.

동방교회는 수도승들이 그의 진정한 대변자임을 인정해 왔다. 동방교회는 수도승들의 전례와 영성과 성성(聖性)을 채택하고 받아들였다. 심지어 6세기에 동방교회는, 주교는 오직 수도승 가운데서만 선출되어야 한다고 결정했다. 실제로 중세 내내 수도승들은 동방에서 그리스도교 사회의 엘리트층을 형성했다.

하지만 수도승의 길은 시련과 위험을 포함하고 있었다. 광야로 나가 몇 년씩이나 성사 생활을 할 수 없는 은수도승과, 또 교회 안에서 독립된 또 하나의 공동체를 구성하고 있는 수도원은 전체 그리스도교 회중과 사실상 분리되는 것은 아닐까? 하느님의 백성을 찢어놓는 것은 아닐까? 그리스도교의

본질을 구성하는 공동체적 영성을 개인주의적인 영성으로 대체하는 것을 아닐까? 광야 수도승들의 영웅적인 금욕 생활은 은총을 얻기 위한 인간적인 수단이 되지는 않을까? 그래서 은총이 더 이상 하느님의 무상의 선물이기를 그치는 것은 아닐까? 수도 운동의 역사에는 이 모든 일탈이 분명 존재했었다.

하지만 교회는 얼마간의 탐색기를 거친 후 제도적인 차원과 교리적인 차원에서 이러한 일탈 움직임들과 싸워 이겨냈다는 것 또한 분명한 사실이다. 제도적인 차원에서, 교회는

▲ 유스티니아누스 1세와 수행원들
6세기(모자이크), 산비탈레 성당, 라벤나

수도승들을 지역 주교의 지휘 아래 두어서, 그들을 지역 교회를 중심으로 형성되는 그리스도교적 삶의 핵심과 통합시켰다. 동방교회가 주교의 권한으로부터 자유로운 수도회의 창설 시도에 대해 항상 반대해 왔다는 것은 아주 주목할 만하다. 교리적 차원에서, 교회는 오랜 식별과 분석의 과정을 통해서, 몇몇 수도 운동의 흐름이 그리스도교적 신비 안에 도입하려 했던 종교적 개인주의와 정신주의(spiritualisme)를 정죄했다. 이제 이 교리적 경향에 대해 살펴보자.

폰투스의 에바그리오스와 순수기도

소아시아 폰투스 출신이며, 카파도키아의 위대한 세 교부 바실리오스와 두 그레고리오스(니싸의 그레고리오스, 신학자 나지안조스의 그레고리오스)의 친구이자 제자인 에바그리오스는 지성인으로서는 처음으로 이집트 광야에서 독수도승의 삶을 받아들인 사람이었다. 그는 독수도승의 금욕과 기도 방법을 모방하는 것에 그치지 않고 이를 신플라톤주의로부터 영감을 얻은 형이상학적 인간학 체계 속에 통합시켰다. 에바그리오스와 함께 바야흐로 광야의 독수도승들도 알렉산드리아의 그리스도교 학파의 언어를 말하기 시작했다. 이와 같은 특징은 특별히 기도에 대한 에바그리오스의 가르침에서 아주 두드러졌다.

교회의 공동체적인 삶으로부터 자발적으로 멀리 떨어져 살면서, 대체로 육체의 필요와 육적인 욕구를 통해 공격하는 악마의 힘에 맞서 전력을 다해 싸워 나가는 수도승들은, 기도에 관한 신약성경의 계명들이야말로 항상 구속(求贖)의 은총을 접하면서 살아갈 수 있는 가장 확실한 방법이라고 생각하게 되었다.

> 그러한 것은 기도가 아니면 다른 어떤 방법으로도 나가게 할 수 없다.(마르코 9:29)

> 끊임없이 기도하십시오.(I 테살로니키 5:17)

하느님 앞에 홀로 서 있었던 그들은 당연하게도 개인적인 기도를 그리스도교 영성의 긍정적이고도 본질적인 요소이며 모든 금욕적 실천의 필연적인 월계관이라 여겼다. 세상에서 '그리스도의 몸을 세우는' 선교, 가르침, 선행 등의 모든 사역과, 심지어는 규칙적인 성사 생활조차 포기했기 때문에, 그들에게 남은 것이라고는 오직 기도뿐이었고 이 기도만이 삶의 유일한 목표가 되었다. 그들은 이 기도를 통해서 세례의 열매를 맺고자 했고 기도 안에서 하느님을 알고자 했다.

에바그리오스는 수도 운동 속에 나타난 기도에 관한 가르침을 처음으로 집대성하였다. 기도에 관한 그의 가르침을 몇 가지 소개해 보자.[4]

---

4 I. Haucherr, "Les leçons d'un contemplatif Le Traité de l'Oraison d'Evagre le Pontique", *Revue d'ascétique et de mystique*, XV, 1934, pp. 34-93, 113-168), Beauchesne et ses fils, 1960.

기도는 지성(intellect)이 하느님과 나누는 대화다.

먼저 눈물의 은총을 받기 위해 기도하라. 그리하여 회한의 감정을 통해 그대의 영혼에 내재한 완고함을 깨 버리고, 주님께 행한 그대의 불의를 고백함으로써 그분으로부터 용서를 얻으라.

용맹스럽게 그대 자신을 곧추 세우고 온 힘을 다하여 기도하라. 일어나는 모든 근심과 생각을 멀리하라. 왜냐하면 그것은 그대의 강직함을 뒤흔들어 그대를 흔들고 동요시킬 것이기 때문이다.

그대가 참된 기도를 향한 열망으로 가득 차 있을 때 악마들은 꼭 필요한 것처럼 보이는 어떤 대상을 제시하고 이에 대해 생각하게 만든다. 그런 다음 곧바로 이 대상과 관련된 기억을 떠올리게 하여 그대의 지성이 그것을 찾도록 밀어붙여 그대를 들뜨게 한다. 그러면 그대의 지성은 그것을 찾을 수 없기 때문에 깊이 슬퍼하게 되고 절망하게 된다. 이렇게 악마들은 기도의 순간에 지성이 현혹될 만한 어떤 대상을 기억나게 해서, 이것에 집착한 지성을 무너뜨리고 성과 있는 기도를 얻지 못하게 한다.

기도할 때에 그대의 지성이 귀머거리 벙어리가 되도록 노력하라. 그러면 기도할 수 있게 될 것이다.

기도는 온유함의 싹이고 분노를 없애 주는 묘책이다.

기도는 기쁨과 감사의 열매다.

기도는 슬픔과 절망을 몰아낸다.

겉모양으로만 기도하지 말고 두려움을 가지고 그대의 지성을 영적 기도의 감정으로 몰아가라.

그대의 뜻을 성취하기 위해 기도하지 말라. 그대의 뜻이 반드시 하느님의 뜻과 합치되지 않을 수도 있기 때문이다.

흐트러짐 없는 기도는 지성의 가장 높은 지적 활동이다.

먼저 정념으로부터의 정화를 위해 기도하라. 두 번째로는 무지로부터의 해방을 위해 기도하라. 세 번째로는 모든 유혹과 외로움의 감정으로부터 해방됨을 위해 기도하라.

그대의 기도에서 오직 그 의와 그 나라만을, 다시 말해 덕과 영지(gnose)만을 구하라. 그러면 그 밖의 나머지도 그대에게 더하여 주실 것이다.(마태오 6:33)

기도할 때 그대의 지성이 방황하는 것은, 지성이 여전히 수도승으로서 기도하지 않고 아직도 외적인 천막을 장식하는 것에만 골몰하여 세상적인 방식으로 기도하기 때문이다.

기도의 상태란 지혜에 매혹된 영적 지성을 지극한 사랑을 통해서 지성 활동의 최고봉으로 이끌어가는 무정념의 상태다.

기도할 때 그대 안에 신성에 대한 어떤 형상도 떠올리지 말라. 또한 그대의 지성이 어떤 형태의 인상도 쫓아가도록 내버려두지 말라. 반대로 무형의 것만을 좇으라. 그러면 이해하게 될 것이다.

물질적인 것에 의해 동요되고 끝없는 근심에 휘둘린다면, 순수한 기도를 얻을 수 없다. 왜냐하면 기도는 모든 생각을 끊는 것이기 때문이다.

시편 봉독은 정념을 짓밟고 육체의 무절제함을 잠재운다. 기도는 지성이 자신의 고유한 활동에 종사하도록 해준다.

기도는 지성의 존귀함에 어울리는 활동이다. 다시 말해 지성의 가장 훌륭하고도 적합한 사용이다.

영지는 탁월하다. 왜냐하면 그것은 지성의 지적 활동 능력을 신적인 영지의 관상에로 일깨움으로써 기도의 협력자가 되기 때문이다.

기도할 때에 눈을 치켜뜨지 말고 시선을 고정하라. 육체와 영혼을 부정하고 지성을 통해 보아라.

수도승은 참된 기도를 통해서 천사와 동등해진다.

기도할 때, 물질로부터 해방되고 모든 것을 벗어 버리는 지성은 복되다.

수도승은 모든 것으로부터 분리되고 또 모든 것과 연합하는 사람이다.

각 사람에게서 자기 자신을 보는 습관을 통해서 모든 사람과 하나임을 느끼는 수도승이 되라.

> 시각이 모든 감각 중에 가장 으뜸이듯이, 기도는 모든 덕 (vertus) 중 가장 신적인 것이다.
>
> 기도를 통해서 다른 모든 기쁨을 넘어설 때, 비로소 진정으로 기도를 발견하게 될 것이다.

후세 수도승들에게 신비적 영성과 용어를 제공해 준, 기도에 관한 이 글들은 수도적 소명의 본질을 잘 보여준다. 이는 성 마카리오스의 다음과 같은 '금언'에도 잘 표현되어 있다.

> 수도승(그리스어로는 μόνος(모노스)에서 나온 말로 μοναχός(모나코스)라 하며, "홀로 있는 자"라는 뜻이다)으로 불리는 것은, 그가 밤낮으로 하느님과 대화하며 하느님에 관한 것 말고는 그 어떤 것도 상상하지 않으며 지상에서는 아무것도 소유하지 않기 때문이다.[5]

하지만 이 글의 가치는 불행하게도 긍정적인 것만은 아니었다. 이 글을 비롯한 에바그리오스의 저작 전체를 통해서 동방 그리스도교의 수도승들은 신플라톤주의적 언어로 표현하는 법을 배웠다. 물론 신플라톤주의는 그 시대의 유행 사조였고 그래서 불가피한 것이기도 했지만, 그것은 사막의 영성을 복음에는 낯선 방향으로 탈선시킬 위험을 가지고 있었다.

에바그리오스는 결국 사후에 교회에서 정죄의 대상이 되기에 이르렀고, 그의 저작들은 성 닐로스(st. Nil)라는 가명을 통해

---

5 I. Hausherr, 위의 글, p. 76.

서 필사되고 보급되었다. 오리게네스의 제자였던 그는 수도승들의 예언자주의를 정신주의적 지성주의(intellectualisme spiritualiste)로 변모시킨 것은 아닐까? 인간 지성(intellect, 그리스어 νοῦς 누스)을 본성상 신적인 것으로 여긴 신플라톤주의적 개념은, 에바그리오스로 하여금 수도승의 금욕을, '물질 그 자체를 수단으로 하여' 하느님의 나라가 우리 안에 현존함을 증언하는 것이 아니라, 오히려 기도 안에서 '자신의 고유한 활동'에 전념하는 지성의 탈물질화(désincarnation)로 이해하게 했다. 그래서 에바그리오스는 겨우 몇 군데에서만 성경에 대한 암시를 줄 뿐, 육화하신 하느님의 아들 예수 그리스도에 대해서는 전혀 언급하지 않고도 『기도에 관하여』라는 글을 쓸 수 있었던 것이다! 그러므로 정교회 수도 운동의 전통은 에바그리오스에 핵심적인 수정을 가하지 않으면 안 되었다. 끊임없는 '지성적' 기도라는 그의 개념은 전통에 의해 채택되었으나, '예수 기도'의 개념으로 탈바꿈되었다. 결국 그리스도만이 그리스도교 영성의 유일한 척도요 유일한 규범이 아니겠는가?

이집트 성 마카리오스와 마음의 신비

이집트의 성 마카리오스는 에바그리오스의 스승으로 스케테 광야에서 살았다. 그에 대해 우리가 알고 있는 것은 겨우 몇 개의 '금언'에 불과한데, 그 속에서 그는 '단문(單文, monologique) 기도'를 가르친 최초의 박사들 중의 한 사람으로 제시되었다. 이 기도는 '주님'이라는 하느님의 이름이 핵심 요소인 간단한 기도를 끊임없이 반복하여 드리는 것이다.

> 어떤 이가 아빠스 마카리오스에게 물었다. "어떻게 기도해야 합니까?"
>
> 스승 마카리오스는 대답했다. "많은 말로 횡설수설할 필요가 없습니다. 손을 내뻗고 이렇게 말하기만 하면 됩니다. '주님, 불쌍히 여기소서.' 만약 사정이 급한 경우라면 다만 이렇게 말하십시오. '주님, 도와주소서!' 주님은 그대에게 필요한 것을 아시며, 그대를 불쌍히 여기실 것입니다."[6]

그러므로 '예수 기도'의 최초 형태는 "주여, 불쌍히 여기소서(Kyrie eleison 키리에 엘레이손)"였을 것이고, 동방 전례에서 이 기도를 끊임없이 반복하여 드리는 것은 결국 사막 교부에게로 거슬러 올라간다.

다른 한편 성 마카리오스라는 이름은 『영적 설교』라는 중요한 저작과도 관련된다. 하지만 이 저작은 마카리오스의 것이 아니라 5세기 한 익명의 저자 것이다. 이 장에서 우리는 통상 마카리오스라고 알려진 이 위대한 익명 저자의 저작을 살펴보고자 한다. 무엇보다도 먼저 에바그리오스와는 정반대인 그의 인간론에 주목하자. 그 사상의 본질에 있어서 플라톤주

---

6   Gouillard, *Petite Philocalie*, Editions des Cahiers du Sud, Paris, 1953, p. 58.

의자였던 에바그리오스는, 인간을 물질 속에 갇혀 버린 하나의 지성으로 파악했다. 육체는 영성이나 육화하신 말씀(Verbe) 안에서 어떤 자리도 가질 수 없었다. 하지만 마카리오스는 '끊임없는 기도'에 관한 자신의 가르침을 일원론적인 인간론의 틀 속에 결합시켰다. 그것은 직접적으로 성경에서 영감을 얻은 것이고 스토아 철학자들에게서도 그 반향이 발견되는 것이었다. 즉, 인간은 영과 육을 포함한 전체로서의 존재이며, 그러한 상태로 하느님과의 관계 안에 들어간다는 것이다.

약 30년 전부터 몇몇 학자들은 이집트의 성 마카리오스를 '메살리안(messalien)' 이단 종파의 대표 주자로 보아 왔고, 이러한 주장을 정당화하기 위해서 이원론적인 함의를 갖는 마카리오스의 몇몇 글과 『영적 설교』의 저자에게서 보이는 '물질주의적' 인간론에 바탕을 둔 논거들을 더욱 밀고 나갔다. 다행히도 오늘날 이 주장은 점점 더 많은 반박에 직면하고 있다. 이 주제와 관련하여 제게(W. Jaeger)는 다음과 같이 말한다.

> 많은 저명한 학자들이 우리가 별로 아는 바 없는 메살리안 이단 종파와 비교하곤 했던 마카리오스의 신앙 교리는 사실 이 이단 종파에게서 차용된 것이 아니라 몇몇 수도 운동 전통의 공통된 신앙 교리로부터 비롯된 것이 거의 분명하다.[7]

---

7 *Two rediscovered words of ancient christian literature : Gregory of Nyssa and Macarius*, E.S. Brill, Leide, 1954, p. 225.

실제로 메살리안주의와 신플라톤주의는 동방 그리스도교의 영적 전통에 있어서 극단적이고 반대되는 두 개의 유혹이었지만, 에바그리오스가 후자를 추종한 것에 비하면 마카리오스가 전자를 추종한 것은 확실히 그 정도가 훨씬 약하다.

마카리오스의 신비 영성은 전적으로 말씀의 육화에 기초하고 있다. 그에게 수도적 삶이란 '지성의 고유한 활동'의 회복이 아니라 세례 은총이 우리 안에서 충만하게 실현되는 것이다. 수도승의 '끊임없는 기도'는 육체의 멍에로부터 정신을 해방시키는 것을 목표로 삼지 않는다. 그것은 오히려 영과 육 모두를 하느님과의 거룩한 교제 안에 들어가게 함으로써 인간으로 하여금 이 세상에서부터 종말론적 현실, 즉 하느님 나라에 도달하게 해주는 것이다. 영혼과 육체로 된 인간 전체가 하느님의 형상으로 창조되었고, 이 전체가 하느님의 영광에 참여하도록 부름 받았다.

에바그리오스의 플라톤주의적 지성주의는, 인간을 눈에 보이는 역사로부터 빼내어 물질에는 완전히 낯선 어떤 초월 세계에 들여놓는다. 반대로 마카리오스의 신비 영성은 하느님 나라가 눈에 보이는 이 세상을 뚫고 들어가 이 세상을 사탄의 지배로부터 해방시키고 다가올 세상의 빛을 이 세상에 앞당겨 비추게 하는 것이다. 그러므로 마카리오스에게, 이미 오셨고 또 다시 오실 것이며 교회 안에 성사적으로 현존하시는 그리스도는 수도승의 영적 삶의 유일한 중심이다.

> 표현할 수 없고 이해할 수도 없는 하느님은 그 선하심으로 자신을 낮추셨다. 그분은 우리와 같은 육체를 입으셨고 스스로 자신의 영광을 제한하셨다. 인간을 향한 너그러움과 사랑으로 그분은 변화하셨고 육화하셨으며, 사도 바울로의 말씀대로 거룩하고 경건하고 신실한 존재들과 함께 섞여 그들과 하나의 영이 되셨다.(1 고린토 6:17) 말하자면 영혼 안의 영혼이 되셨고, 인격(위격) 안의 인격(위격)이 되셨다. 그것은 살아있는 존재들이 젊음을 누리며 살아가고 불멸의 생명을 경험하며 썩지 않을 영광에 참여할 수 있도록 하기 위한 것이다.[8]

『영적 설교』의 저자는 그리스도 중심주의를 흔들림 없이 견지함으로써, 하느님과 사탄이 인간 안에서 두 개의 동등한 힘으로 공존한다고 주장한 메살리안주의의 이원론을 명백하게 뛰어넘고 있다.

> 악마가 영혼 전체를 두터운 장막으로 뒤덮어 버린 것은 인간이 계명을 어겼기 때문이다. 하지만 이 장막을 걷어내는 은총이 임했다. 이제부터 정화된 영혼은 … 순결함 속에서 정화된 두 눈으로 참된 빛의 영광과 마음속에 찬란하게 빛나는 참된 정의의 태양을 관상한다.[9]

동방의 펠라기우스주의자라 할 수 있는 메살리안주의자에

---

8   St. Macaire d'Egypte, *Hom.* IV, 10, PG 34, col. 480 BC.
9   St. Macaire d'Egypte, *Hom.* XVII, 3, 위의 책., col. 625 B.

게, 악마에 대항하여 싸우는 유일한 수단은 기도인데, 이때 이 기도는 은총을 끌어내는 순전히 인간적인 노력이고, 그래서 애초에 하느님의 개입과는 독립된 것으로 주장되었다. 반면 마카리오스에게는 인간의 해방이 세례에서 비롯된다. 기도를 비롯한 모든 영적 삶은 '재생의 목욕(세례)'에서 받은 씨앗을 싹트게 한다.

> 사도들에게 임했던 우리의 변호자이신 성령은 유일하고 참된 하느님의 교회에 세례를 통하여 임하시며, 믿음의 정도에 따라 아주 다양하고 많은 방법으로 세례 받은 각 사람들과 동행하신다.[10]
>
> 그리스도인들은 다른 세상에 속한다. 그들은 하늘 아담의 자식이다. 새로운 족속이요, 성령의 자녀. 아버지(성부 하느님)를 닮은 그리스도의 빛나는 형제다. 영적이고 빛나는 아담 ···.[11]
>
> 종과 자녀를 가진 큰 부자가 종과 자기 자녀에게 서로 다른 음식을 주듯이, 자녀들은 사실 아버지의 상속자이기에, 아버지와 함께 식탁에 앉으며, 아버지와 같은 존귀함을 누리듯이 참된 스승이신 그리스도는 손수 만물을 창조하시고 악인이나 은혜를 모르는 이들도 먹이신다. 하지만 그리스도는 직접 낳은 자녀들에게는 은총을 베풀고, 그들 안에서 자신의 형상을 만들어 가며, 아주 평안한 가운데 특별한 양

---

10 *Grande Lettre*, éd. Jaeger, p. 236.
11 St. Macaire d'Egypte, *Hom.* XVI, 8, 위의 책, col. 617-620

식과 음료로 그들을 양육하신다. 그는 자신을 그들에게 내어주신다. 그들은 아버지와 함께 살기 때문이다. 주님은 이렇게 말씀하셨다. "내 살을 먹고 내 피를 마시는 사람은 내 안에 머무르고, 나도 그 사람 안에 머무른다. … 이 빵을 먹는 사람은 영원히 살 것이다."(요한 6:56, 58)[12]

성인들은 이승에서부터 영혼 안에 영광을 소유하고, 이 영광은 (부활의 그날에) 그들의 벌거벗은 육체를 가려 주고 덮

---

12 St. Macaire d'Egypte, *Hom.* XIV, 4, 위의 책., col. 572 CD

▲ 주님의 세례
14세기(템페라), 성 클레멘트 성당, 오흐리드

어 주고 하늘로 이끌어 올릴 것이다. 그리하여 우리의 육체와 영혼은 하느님 나라에서 영원히 주님과 함께 안식을 누릴 것이다. 하느님은 아담을 창조하시면서 새들처럼 육체의 날개를 달아 주지 않으셨다. 하지만 미리 그를 위해 성령의 날개를 준비해 놓으셨다. 그리고 부활의 순간에 이 날개를 주시길 원하신다. 이 날개는 성령이 있고자 하는 곳으로 그를 들어올려 데려갈 것이다. 거룩한 영혼들이 이승에서 영으로 천상의 생각을 향해 날아오르고자 할 때 그들은 이미 이 날개를 받는다. 사실, 그리스도인들은 하나의 다른 세상을 가지고 있다. 그들은 그들만의 식탁이 있고, 그들만의 옷이 있고, 기쁨이 있고, 교제가 있고, 특별한 생각이 있다. 그래서 그들은 가장 강한 사람들이다. 그들은 성령을 통해서 영혼 안에 힘을 얻는다. 그래서 부활의 날에는 그들의 육체도 성령의 영원한 복을 받을 것이며 그들의 영혼이 이승에서부터 경험하는 영광에 연합하게 될 것이다.[13]

마카리오스에게 그리스도인의 삶, 특별히 수도승들의 '끊임없는 기도'의 목표는, 결국 그리스도인이 이승에서부터 소유할 뿐만 아니라 그를 통해 하느님 나라의 도래를 준비하게 해주는 은총의 누룩을 밝히 드러내는 것임을 마지막 인용문은 잘 보여준다. 이 은총이 임하는 장소가 바로 '마음'이다.

이렇게, 그리스도교에서는 하느님의 은총을 맛보는 것이 가능하다. "너희는 맛보고 눈여겨보아라, 주님께서 얼마나

---

13 St. Macaire d'Egypte, *Hom.*, V, 12, 위의 책, col. 516.

좋으신지!"(시편 34:8) 이 맛봄은 마음 안에서 충만하게 활동하는 성령의 힘이다. 성령 안에서 새 계약의 담당자가 된 빛의 자녀들은 사람에게서는 배울 것이 아무것도 없다. 그들은 하느님에게서 배운다. 은총이 그들의 마음속에 성령의 법을 새겨놓는다. … 사실, 마음은 모든 육체 기관의 주인이요 임금이다. 은총이 이 마음의 초원을 정복하면 그 밖의 모든 지체와 모든 생각도 지배하게 된다. 지성이 있는 곳에 영혼의 모든 생각이 있으며, 바로 이곳에서 영혼은 선

▲ **아담의 창조**
12~13세기(모자이크), 몬레알레 주승천 대성당, 시칠리

을 기다리기 때문이다. 이것이 은총이 육체의 모든 지체들을 관통하게 되는 까닭이다.[14]

'마음(cœur)'이 육체의 중심이요 지성의 자리라는 관념은, 앞으로도 살펴보겠지만, 동방 그리스도교 신비 영성에서 아주 특별한 풍요로움을 가지게 될 것이다. 여기서는 단지 마카리오스가 에바그리오스와는 전적으로 다른 세계 안에서 사유했다는 것만 지적하자. 마카리오스에게 사막의 영성, '끊임없는 기도'는 전 존재(영혼과 육체)가 성사를 통해 재탄생하고 은총을 누리게 된다는 인간 개념의 틀 안에 있다. 물론 이런저런 경험들은 더욱 구체화된 설명을 요구받겠지만 메살리안들이 비난 받았던 바의 조잡한 물질주의(육체의 눈으로 하느님의 본질을 볼 수 있다는 주장)와는 명확하게 구별되는 이 근본적인 영적 통찰은 수도 운동 전통에서 에바그리오스의 지성주의가 배타적으로 지배하게 되는 상황을 막아 주는 균형추 역할을 하기에 충분한 자격이 있었다.

예수 기도

에바그리오스와 마카리오스는 후대 동방 수도 영성 전통의 모든 본질적인 요소를 규정지었다. 후대에 굉장한 인기를 누렸던 포티케의 디아도코스, 요한 클리막스와 같은 영적 저자

---

14 St. Macaire d'Egypte, *Hom.* XV, 20, 위의 책., col. 589 AB.

의 가치는 특별히 에바그리오스와 마카리오스의 종합을 실현했다는 데 있다. 이렇게 해서 에바그리오스의 '지성적 기도'는 동방에서 '마음의 기도', 육화하신 말씀께 집중적으로 바쳐지는 개인 기도인 '예수 기도'가 되었다. 이 기도에서 '이름의 기억'은 본질적인 자리를 차지한다.

5세기 에피로스의 포티케 지역 주교였던 디아도코스는 사막의 영성을 비잔틴 세계에 크게 대중화시킨 사람 중의 하나였다. 그에게는 성사 생활의 강조와 그리스도교적 기도의 개인적 특징이 약간의 에바그리오스의 정신주의적 흔적과 함께 공존하지만, 그의 저작 『영적 완전에 대하여』[15]에서, 우리는 타락과 구속(救贖 rédemption)과 미래의 영화(榮化 glorification)를 핵심으로 하는 성서적 역사관 안에 헤지카즘을 통합시켰던 정교회 영적 스승들의 모든 관심사를 읽을 수 있다.

> 영혼의 지성적 운동이 바로 우리 안에 있는 하느님의 형상이다. 그리고 육체는 지성의 집과 같다. 하지만 아담의 죄로 인해서 영혼에 새겨진 특성이 얼룩지게 되었을 뿐만 아니라 우리의 육체도 부패의 늪에 조금씩 빠져들어 갔다. 이 때문에 하느님의 거룩한 말씀이 육화하셨고 하느님으로서 재생의 세례를 통해 구원의 생수를 주셨다. 그러므로 우리는 생명을 주시는 성령의 역사하심을 통해 물로 다시 탄생한다. 이어서 온 마음과 뜻으로 하느님께 나가는 사람이라

---

15 St. Diadoque de photicé, *Chapitres sur la perfection spirituelle,* trad. E. des Places, Sources chrétiennes 5, Editions du Cerf, Paris, 1943.

면 우리는 곧 영혼과 육체의 정화를 얻는다. 성령이 우리 안에 자리 잡으시고 죄는 패퇴하여 도망가기 때문이다.…16

은총은 세례 신자들 안에서 영혼의 결단을 기다리며 자신의 현존을 감춘다. 사람이 온전히 주님을 향해 되돌아서면, 은총은 말로 다할 수 없는 감정과 함께 마음에 자신의 현존을 드러낸다. … 그 위에서, 사람은 계명을 지킴으로써 진보하기 시작하고, 쉬지 않고 주님이신 예수를 부르게 된다. 그러면 하느님의 은총의 불이 마음의 외적인 감각에까지 확산된다.…17

우리가 하느님에 대한 기억으로 모든 출입구(감각)를 봉쇄할 때, 지성은 우리로 하여금 그 지성이 활동하는 데 필요

---

16 위의 책, 78, p. 136.
17 위의 책, 85, p. 146-147.

▲ 낙원에서 추방되는 아담과 하와
12세기(모자이크), 팔라티나 대성당, 시칠리

한 것을 만족시킬 수 있는 하나의 일을 절대적으로 요구한다. 그러므로 이 목적에 전적으로 부합하는 유일한 일은 바로 지성에 주 예수님을 안겨 주는 것이다. …[18]

영혼이 분노로 동요되거나 술 취함으로 혼란해지거나 깊은 절망으로 짓눌릴 때, 지성은 어떤 노력을 기울여도 주체적으로 주 예수님을 기억할 수 없다. … 영혼이 정념으로부터 해방될 때만 영혼은 함께 주 예수를 묵상하고 부르짖는 은총 그 자체를 간직하게 된다. 마치 어머니가 어린 자식이 모든 옹알거림 끝에 또렷하게, 심지어는 잠결에도 '아빠'를 부르게 되기까지 함께 끊임없이 되뇌며 '아빠'라는 말을 가르쳐 주듯이 말이다. 그래서 사도 바울로는 이렇게 말한다. "이와 같이, 성령도 나약한 우리를 도와주십니다. 우리는 올바른 방식으로 기도할 줄 모르지만, 성령이 몸소 말로 다할 수 없이 탄식하시며 우리를 대신하여 간구해 주십니다."(로마 8:26)[19]

6세기부터 '헤지카즘'의 가장 중요한 확산 거점이 된 것은 유스티니아누스 황제가 시나이 산에 세운 유명한 수도원이다. 오리게네스와 니싸의 그레고리오스가 성경의 모세와 결부시켰던 빛의 신비 영성은, 이렇게 해서 하느님이 그 백성에게 율법을 주신 곳과 동일한 장소에 그 영성의 학교를 만든다. 성 까떼리나 수도원 대성당의 측면에, 주님의 변모를 보여주

---

18 위의 책, 59, p. 115-116.
19 위의 책, 61, p. 117-118.

는 6세기 모자이크 성화가 새겨져 있는 것은 아주 주목할 만하다. 이 수도원 창설자들의 사상은 모세가 시나이 산에서 하느님을 본 사건을 다볼 산 정상에서의 신 현현 사건과 연결시킨다. 주님의 변모 사건에서도 모세는 육화하신 말씀의 신성한 빛 안에서 함께 나타난다. 시나이 산에서 예고편으로 나타나고 다볼 산에서 충만하게 현현한 이 '다가올 세상의 빛'은 14세기까지 동방 그리스도교 헤지카스트 수도승들이 그들 자신 안에서 그토록 열망하며 추구하는 대상이 된다.

시나이 산의 위대한 영적 스승 중 으뜸되는 스승은, 말할 것도 없이 580년-650년 성 까떼리나 수도원의 수도원장이었고, 자신의 저서 『낙원의 사다리』[20]로 '클리막스'라는 별칭을 얻은 요한이다. 디아도코스와 마찬가지로 예수 이름 부름

---

20 St. Jean Climaque, *Echelle du Paradie*. 『낙원의 사다리』, 엄성옥 역, 은성출판사. 그리스어로 Κλῖμαξ(클리막스)는 '사다리', '계단', '층계'등을 의미한다.

은 『낙원의 사다리』가 우리에게 제공하는 수도 영성의 세분화된 체계의 중심을 차지하고 있다. 우리는 여전히 『낙원의 사다리』에서 에바그리오스의 지성주의 용어를 종종 발견하곤 한다. 하지만 직접적인 맥락과, 기도에서 차지하는 육체의 역할에 대한 인정 등은 요한이 성경과 그리스도교 가르침 안에서 끌어올린 영감을 잘 보여준다.

이 책의 몇몇 표현은, 이미 시나이 산의 이 수도원장도 나중에 14세기의 헤지카스트 수도승들이 채택하게 될 호흡과 연계된 예수 기도 수행을 알고 있었다고 믿게 해준다. 그러므로 헤지카스트 니케포로스, 시나이의 그레고리오스, 그레고리오스 팔라마스와 같은 후대 영적 저자에게서 『낙원의 사다리』에 대한 암시와 언급이 많이 자주 나타난다는 사실은 그리 놀랄 일이 아니다. 클리막스가 누리는 이 예외적인 권위는, 비잔틴 교회로 하여금 대사순절의 다섯 번째 주일을 그의 축일로 기념하게 했고, 이로써 비잔틴 교회는 그에게 영성과 금

욕의 스승 중 첫 번째 자리를 부여했다. 서방에서는 『낙원의 사다리』가 중세 때부터 알려지기 시작했다. 대(大) 아르노의 형제인 안딜리의 아르노는 1652년 파리에서 이를 프랑스어로 번역하여 더더욱 인기를 누리게 했다.

> 그대의 기도에서 추구해야 할 점은 이렇다. 어린아이가 더듬으며 하는 단순하고도 단조로운 말도 아이의 아버지를 감동시킨다! 그대의 영이 무슨 말을 할까 찾아 헤매지 않아도 되도록 긴 말은 삼가라. 세리의 한마디 말이 하느님의 자비심을 불러일으켰다. 믿음으로 충만한 한마디 말이 오른쪽 십자가에 달린 강도를 구원했다. 장황한 기도는 종종 영을 온갖 형상으로 가득차게 해서 분심에 젖게 만든다. 그러나 종종 단 한마디의 말이 열매를 얻는다. …[21]

헤지카스트는 형체 없는 존재를 육체의 집 안에 모시기를 열망하는 사람이다. … 회수도회(會修道會)의 경우는 독수도

---

21 위의 책, Degré 28, trad. J. Gouillard, dans le *Petite Philocalie*, p. 119.

▲ 성 까떼리나 수도원, 시나이

승의 경우와 같지 않다. 수도승에게는 커다란 경계심, 동요에서 벗어난 영이 필요하다. 회수도회는 다른 형제의 도움이 필요하지만, 독수도승은 천사의 도움을 받는다. …²²

14세기의 헤지카스트들에게 특별히 사랑받은 이 구절은 여기서 '수도 운동' 그 자체와 동일시된 헤지카즘의 본질을 잘 설명해 준다. 수도 운동으로 번역된 '모나쉬즘(monachisme)'의 어원적 의미(그리스어 μόνος에서 나온 말로 이는 '홀로'라는 뜻이다)는 그것의 원래 의미를 잘 보여준다. 모나코스(μοναχός, 수도승)는 홀로 하느님과 사는 사람이며 그런 의미에서 회수도승(cénobite)과 다르다. 그는 자기 자신 안에서 하느님을 찾는 것 말고는 다른 어떤 것에도 관심을 두지 않는다. 그리고 자기 안에서 하느님을 발견한다. 바로 세례의 은총이 그의 '마음' 안에 현존하기 때문이다.

> 헤지카스트는 이렇게 말하는 사람이다. "제 마음이 든든합니다."(시편 57:7) 헤지카스트는 또 이렇게 말하는 사람이다. "나는 잠들었지만 내 마음은 깨어 있다."(아가 5:2) 그대 육체에 대해서는 방문을 닫아 버려라. 그대의 말에 대해서는 입의 문을 닫아 버려라. 그대의 영에 대해서는 내적인 문을 닫아 버려라.
>
> 분심으로 가득한 헤지카스트보다는 겸손히 순종하는 사람이 더 낫다. … '헤지키아(hésychia 고요)'는 하느님께 드리는

22 위의 책, Degré 27, p. 115-116.

끊임없는 예배요 기도다. 예수를 기억하는 것이 그대의 호흡과 하나가 되게 하라. 그러면 '헤지키아'의 유익함을 이해하게 될 것이다.[23]

이렇듯 예수 기도는 헤지카스트 영성의 중심이다. 육화하신 말씀의 이름은 존재의 본질적 기능인 생명 활동과 결부된

---

23 위의 책, Degré 27, p. 116-117.

▲ 성 까떼리나 수도원, 시나이
11세기(사본)

다. 그것은 '마음'에 현존하고 호흡과 결합된다. 하지만 '끊임없는 기도'를 가르친 동방교회의 대(大)스승들은 한결같이, 이 '예수 기억'을 하나의 순진한 상상력이 그리스도인의 영혼 안에서 일으킬 수도 있는 여러 가지 결과와 혼동하지 않도록 주의해야 한다고 가르친다. 이 '기억'은 결코 그리스도의 생애의 이런저런 사건에 대한 묵상이 아니다. 그래서 초보 수련자들은 결코 스스로 어떤 형상을 떠올리지 말아야 한다고 권유받는다. 수도승은 자기 안에 있는 예수의 현존만을, 다시 말해 그 어떤 상상과도 상관없이 성사적 삶 자체가 충만하고도 실존적인 현실태를 보장하는 이 예수의 현존만을 자각하도록 초대된다. 수도승이 누릴 수 있는 빛나는 하느님 관상은 어떤 상징을 가리키거나 상상의 결과를 나타내는 것이 아니다. 그것은 다볼 산의 빛 못지않게 참된 하느님의 현현이다. 왜냐하면 그 관상은 그리스도의 신화된(déifié) 몸 자체를 드러내줄 것이기 때문이다.

사막 수도승들의 영적 삶이 우리가 그리스 교부들에게서 발견하는 신화 신학(神化神學 théologie de la déification)과 밀접하게 관련된 까닭이 바로 여기에 있다.

신화 교리 : 니싸의 그레고리오스와 고백자 막시모스

니싸의 그레고리오스와 고백자 막시모스는 모두 신플라톤주의 철학의 형식으로 그리스도교 영성의 근본적인 요소들을 표현하는 데 성공했던 그리스도교 신비 영성의 위대한 계보에 속한다. 여기서 이 두 위대한 교부의 이름을 언급하는 것은, 동방 그리스도교 안에서 신화 교리를 말한 사람이 이 둘뿐이어서가 아니라, 영성과 순수 사변의 교차로에 서 있던 이 두 사람이 후대 비잔틴 사상에 결정적인 영향을 미쳤기 때문이다. 두 사람 모두 디아도코스와 요한 클리막스가 영성의 차원에서 해결하고자 했던 문제를 신학적으로 풀려고 했다. 그것은 바로 그 시대에 보편적으로 받아들여졌던 신플라톤주의의 언어로 성육화와 예수 그리스도 안에서의 구원이라는 그리스도교의 신비를 표현하는 것이었다.

> 아버지께서 저에게 주신 영광을 저도 그들에게 주었습니다. 우리가 하나인 것처럼 그들도 하나가 되게 하려는 것입니다. 저는 그들 안에 있고 아버지께서는 제 안에 계십니다. 이는 그들이 완전히 하나가 되게 하려는 것입니다. … (요한 17:22-23)

그리스 교부들은 하느님과의 연합이라는 이 신약성경의 가르침을 신화(神化 θέωσις, déification) 개념을 통해서 표현한다. 이 연합이야말로 인간을 사망과 죄로부터 해방시킬 수 있고, 그래서 그리스도가 성취하신 사역의 본질을 이룬다는 것이다. 모든 영적 저자들처럼 니싸의 그레고리오스도 이 연합의 과정에 몰두한다. 세례 성사에서 잠재적으로 부여받으며, 인생 전체를 통해서 자유롭고 점진적으로 수용되는 신화의 은총은, 우리가 하느님을 뵙고 하느님과 연합하게 이끌어 준다. 필론[24]은 모세에게서 신비 영성의 예형(豫形)을 보았다. 오리게네스를 이어 니싸의 그레고리오스도, 그리스도인의 영적 상승을 모세가 시나이 산을 등정하는 것에 견주어서 묘사함으로써, 이 영적 상승에 대한 지극히 성경적이고도 적절한 묘사 수단을 받아들였다. 이렇게 그들은 하느님 앎에 관한 그리스도교 교리의 본질적인 요소들을 제

24 역자주) 필론(Φίλων ο Αλεξανδρεύς, BC 30~AD 45) 고대 알렉산드리아의 유대인 철학자.

▲ **니싸의 성 그레고리오스**
11세기(모자이크), 성 소피아 대성당, 키에프

시한다. 하느님이 계시는 어둠의 신비, 모세가 그분을 뵙도록 허락받은 그 어둠의 신비는 이렇게 해서 사람에게 스스로를 계시하신 '알 수 없는 분'(l'Inconnaissable)의 한 이미지가 된다.

> 모세가 어둠 속에 들어간 것은 무엇을 의미할까? 이 속에서 모세가 하느님을 보았다는 것은 무엇을 의미할까? … 전심전력으로 전진해가면서 실재에 대한 지식에 다가서고 관상에 접근해 갈수록, 영은 신적 본질이 볼 수 없는 것임을 깨닫는다. 감각이 지각하는 것은 물론, 지성이 보았다고 믿고 있는 외형적인 것도 모두 내버려두고, 영이 더욱 그 자신의 내부를 관통하여 '볼 수 없는 분'(l'Invisible), '알 수 없는 분'(l'Inconnaissable)에까지 전진해 갈 때 영은 하느님을 본다. 영이 추구하는 분에 대한 참된 '앎'(connaissance)과 그분에 대한 참된 '봄'(vision)은, 하느님은 마치 어둠처럼 그 자신의 '이해불가성'(incompréhensibilité)으로 인해 모든 것과 분리된, 결코 '볼 수 없는 분'이심을 깨닫는 것에 있다. 이것이 바로 신비적 복음사가 사도 요한이 이 찬란한 어둠을 관통한 후 "아무도 하느님을 본 적이 없다"(요한 1:18)고 말한 까닭이다. 이 부정(négation)을 통하여 그는, 하느님 본질에 대한 앎은 사람뿐만 아니라 모든 지성적 존재에게도 도달할 수 없는 것이라고 정의한다. 그래서 모세는 영지(그노시스 γνῶσις) 안에서 진보를 거듭한 끝에 어둠 속에서 하느님을 보았다고 선언한다. 다시 말해 신성은 본질적으로 모든 영지를 초월하고 영의 능력을 벗어나는 것임을 알았다는 것이다. "모세는 하느님이 계신 어둠 속에 들어갔다"(출애굽 20:21)고 성

▲ 모세와 떨기나무
15세기(모자이크), 성 까떼리나 수도원, 시나이

경은 말한다. 여기서 말하는 하느님은 어떤 분일까? 다윗이 말하듯, "어둠을 가리개 삼아 당신 주위에 둘러치신"(시편 18:11) 분이시다.[25]

니싸의 그레고리오스는 하느님 인식이라는 교리 문제를 철

---

25 St. Grégoire de Nysse, *Vie de Moïse*, II, 163-164, éd. et trad. J. Daniélou, Sources chrétiennes 1 bis, Editions du Cerf, Paris, 1955, p. 81-82. 『모세의 생애』, 고진옥 역, 은성출판사.

동방 수도승들의 영적 전통   53

저하게 몰아간다. 그것은 역설일 수밖에 없으며, '찬란한 어둠'이라는 이미지가 그렇듯 모순일 수밖에 없다는 것이다. '알 수 없는 분'은 철저하게 '알 수 없는 분'으로 머물러 있으면서 동시에 스스로를 알려주시며, 그리고 이렇게 하여 그분을 뵙게 된 존재에게 그분의 '알 수 없음'은 더욱 깊어진다는 것이다. 그리스도교 영성의 이 원초적 체험을 표현하기 위해서 그레고리오스는 신플라톤주의의 용어를 차용하지만 이 용어로 표현하고자 하는 실재는 바로 이스라엘의 거룩하신 분(하느님)이다. 영적 상승을 통해 마침내 그분과 얼굴과 얼굴을 맞대게

니싸와 나지안주스의 그레고리오스 ▲

12세기(사본)

될 때, 사람은 다시 한 번 더욱 철저하게 그분의 초월성을 느끼지 않을 수 없다. 그러나 하느님은 살아계신 하느님이시다. 그분은 사람과 교제하신다. 이 교제를 설명하기 위해 니싸의 그레고리오스는 그 당시 이미 '하느님의 본질(l'essence divine)과 '하느님의 에네르기아들'(les énergies divines)을 구별하여 이해한다. 여기서 '하느님의 에네르기아'란, 하느님의 생명 안에서 맛보고 도달할 수 있는 모든 실제적 현실이지만, 그렇다고 해서 그것이 '도달할 수 없음'(inaccessibilité)이라는 하느님의 본질을 부정하진 않는다.

> 대다수의 사람들은 '신성'이라는 용어가 하느님의 본질을 말하기 위해 사용된다고 믿는다. … 하지만 우리는 성경의 가르침에 따라, 이 본질은 이름붙일 수 없고(innomable) 표현할 수 없는(indicible) 것임을 안다. 그래서 우리는, 사람들이 창안해 낸 것이든 성경이 전해 준 것이든, 하느님의 모든 이름은 이 본질과 관계된 개념들을 설명할 뿐, 본질 그 자체의 의미는 그것을 통해 이해될 수 있는 것이 아니라고 말하는 것이다. … 그러므로 우리는 초월적인 전능자의 다양한 에네르기아를 알 수 있고, 우리에게 알려진 이 에네르기아 각각으로부터 이름을 끌어오는 것이다. …[26]

하느님 본질의 초월성에 대한 이 확신은, 신학자들이 사막 교부들의 영성에 가한 하나의 수정인 셈이다. '순수기도'가 하

26　St. Grégoire de Nysse, *À Ablabius*, PG 45, col. 121.

느님에 대한 앎을 제공해 주는 것은 맞다. 예수가 그리스도인의 마음속에 내밀하게 현존하신다는 것도 맞다. 하지만 이 현존은, 그 본질에 있어서는 절대 도달할 수 없고 초월적인 하느님, 그분의 자유로운 행위(에네르기아)이고 은총일 뿐이다.

우리는 고백자 막시모스에게서 니싸의 그레고리오스의 신비 영성의 주된 요소를 재발견한다. 하지만 우리는 특별히 팔라마스에게 뚜렷한 영향을 미쳤던 그의 사상의 두 가지 측면을 몇몇 인용문을 통해서 강조하고자 한다. 그것은 신화(神化) 교리에 있어서의 그의 실재론(réalisme)과 그리스도론이다.

어둠 속에서 하느님을 뵙는 것이 하느님에의 참여(participation)요 신화(神化)라는 사실을 막시모스는 니싸의 그레고리오스보다 한층 더 강력하게 주장한다. 그는 위(僞) 디오니시오스 저작의 영향을 받아, 하느님은 '도달할 수 없는 분'이라는 교리 – 본질을 알 수 있는 모든 대상과 하느님을 구별하는 '아포파틱'(apophatique) 신학 혹은 부정 신학 – 를 더욱 강조했기 때문에, 또한 하느님과의 교제가 갖는 모순적이고 역설적인 특징도 더욱 분명해진다. 그러므로 막시모스에게 신화란 전적으로 초자연적인 사태요, 본질로는 여전히 '알 수 없는 분'이신 전능하신 하느님이 자신의 초월적 본질을 자유롭게 벗어난 행위이다.

성인들은 그 속성상 자연적인 힘(puissance naturelle)에 속하지 않는 어떤 존재가 된다. 왜냐하면 자연(nature)은 그것을 능가하는 것을 지각할 어떤 능력도 가지고 있지 않기 때문이다. 신화의 그 어떤 차원도 자연의 산물인 것은 없다. 자연은 하느님을 이해할 수 없기 때문이다. 오직 하느님의 은총(grâce divine)만이 유비적으로(d'une manière analogique) 존재들을 신화시킬 수 있는 능력이 있다. 이렇게 해서 자연은 초자연적인 빛으로 빛나고 영광의 충만함에 의해 자기 자신의 한계 너머로 옮겨지게 된다.[27]

예수 그리스도 안에서 하느님에 참여하는 것은 총체적 참여이다. 사실 하느님의 한 부분에 참여할 수는 없다. 하느님의 존재는 단순하고 나눌 수 없다. 하느님의 에네르기아는 축소된 하느님이 아니라 자유롭게 스스로를 계시하시는 하느님이기 때문이다.

사람의 신화 상태를 묘사하기 위해서 막시모스는 바울로 서신과 멜기세덱이라는 신비스러운 인물에 호소한다.

---

27   St. Maxime le Confesseur, *À Thalassius,* 22, PG 90, 321 A.

▲ 멜기세덱
대천사 목조 교회, 마라무레슈

존경스러운 바울로는 자신의 존재를 부정했고 자신만의 삶을 가지고 있는지조차 알지 못했다. '이제는 내가 사는 것이 아니라 그리스도께서 내 안에 사시는 것이다.'(갈라디아 2:20) 하느님의 형상인 사람은 신화에 의해 신이 된다. 그는 본성상 자신에게 속한 모든 것을 기꺼이 완전하게 포기한다. … 성령의 은총이 그 사람 안에서 승리하기 때문이며, 하느님만이 분명 그 사람 안에서 행동하시기 때문이다. 이렇게 하느님과 하느님에 합당한 사람들은 모든 면에서 단 하나의 동일한 에네르기아를 가진다. 아니 오히려 이 공동의 에네르기아는 하느님만의 에네르기아라고 해야 할 것이다. 왜냐하면 하느님은 그분께 전체로서 합당한 사람들에게 자신을 통째로 내어주시기 때문이다.[28]

멜기세덱은 그 자신 안에 유일하시고 살아계시며 생동하시는 하느님의 말씀을 소유했다. … 그는 시작도 끝도 없는 자가 되었다. 왜냐하면 그는, 시작과 끝이 있는, 수많은 정념으로 동요되는 시간과 공간 안에 제약된 생명이 아니라, 오직 우리 안에서 살려고 오시는 말씀의 신적인 생명, 어떠한 죽음으로도 제한받지 않는 영원한 생명을 그 자신 안에 가지고 있기 때문이다.[29]

신화에 대한 막시모스의 이 가르침은 수도자이자 고백자였던 이 성인이 그토록 열렬히 옹호했고 결국 681년 콘스탄티노플 6차 세계 공의회에서 승리를 거둔 정교 그리스도론

---

28 St. Maxime le Confesseur, *Ambigua*, PG 91, 1076 BC.
29 위의 책, 1144C.

과 결부되어 있다. 그리스도의 두 본성(nature)은, 단성론(monophysitisme)과의 타협을 지지했던 단의론자들(monothélètes)이 주장하길 원했던 것과 같은, 사실상 말씀의 신성(神性) 안에 용해되어 버린 그런 추상적인 개념이 아니다. 막시모스에게는, 비록 두 본성이 말씀의 위격 안에 연합되어 있고 인성(人性)의 의지가 모든 점에서 신성의 의지에 복종한다 해도 각각의 본성은 실제적으로 표현되고 고유한 실존을 가지며 각각 자신의 의지를 가진다.

그러므로 막시모스에게 의지(volonté)라는 개념은, 현대 인격주의 철학이 말하는 '의지'를 의미하지 않았다. '에네르기아'와 동의어로 쓰인 이 '의지' 개념은 결국 실제적 현존의 발현을 의미한다. 이렇게 이 용어는 막시모스 사상이 실존주의적

▲ 오른손이 절단되는 고백자 성 막시모스
14세기(사본)

특징을 갖게 해준다. 그러므로 그리스도는 인간적 의지가 아니라 인간적 본성만을 가질 뿐이라는 단의론자들의 주장은 아무런 실제적 의미도 없는 공허한 것이다. 그들에 따르면 이 본성은 실존적으로는 발현하지 않기 때문이다. 사실상 그것은 하나의 추상일 뿐인 것이다. 반대로 막시모스에게 인간적 '에네르기아', 인간적 '의지'는 예수 안에서 온전하게 존재했으며, 그래서 구원은 이 인간적 의지가 자유롭게 '하느님의 에네르기아', '하느님의 의지'에 전적으로 부합하는 것에 있다. 모든 그리스도인은 성사적으로 신비롭게 그리스도와 연합하고 또 그리스도의 인간적 의지에 결합됨으로써 또한 하느님의 의지와 결합된다. 이렇게 위의 인용문처럼 "하느님과 하느님에 합당한 사람들은 모든 면에서 단 하나의 동일한 에네르기아를 가진다"고 말할 때, 막시모스는 성인들 안에 인간 본성이 실존한다는 것을 부정하는 것이 아니다. 반대로 신화된 성인들은 그들 자신의 에네르기아를 하느님의 에네르기아에 일치시켜서 그들 안에 하느님의 에네르기아를 받아들이게 된다고 주장하는 것이다.

니싸의 그레고리오스와 막시모스를 언급하는 것으로 위대한 교부들의 시대를 떠나기 전에, 이 두 스승이 모두 넓은 의미에서 '헤지카스트' 전통에 속한다는 사실을 지적하자. 최근 제게(W. Jaeger)가 잘 보여주었듯이, 그레고리오스는 그의 형제

바실리오스가 소아시아의 수도승들을 위해 확립했던 수도 규칙을 자신의 영적 신비적 가르침으로 보완했다.

그레고리오스가 말하는 모세는, 무엇보다도 "사회로부터 스스로 유배되어 홀로 살면서 어떤 것에도 흔들리지 않는 고요(헤지키아) 안에서 '볼 수 없는 것'에 대한 관상에 전념하는"[30] 관상 수도승이다. 에바그리오스에게서 심대한 영향을 받은 막시모스는 우리에게 어려운 신학 저술들뿐만 아니라 많은 영적 저술을 남겼는데, 이 저술들은, 그가 7세기 동방에서는 이미 전통이 되어 버린 '끊임없는 기도'의 스승임을 입증한다. 이렇게 후대 비잔틴 영성은, 신학과 기도가 독립된 두 영역이 아니라 긴밀하게 연합된 하나의 관상 활동이고, 그래서 그것은 문화적 지적 수준에 상관없이 모든 그리스도인들에게 가능한 것이라는 가르침을, 교부들로부터 영적 유산으로 물려받는다.

신신학자 시메온(917-1022)

스투디오스 수도승이었다가 콘스탄티노플에 있는 성 마마스 수도원 원장이 된 시메온은, 동방 그리스도교 영성의 역사에서 독보적인 자리를 차지한다. 그는 예수 기도의 전통을 통째로 받아들인 신비가로서, 예수 기도에 대한 권위 있는 스승

---

30 St. Grégoire de Nysse, *Commentaire sur les psaumes*, trad. J. Danielou, *Platonisme et théologie mystique*, Paris, Aubier, 1944, p. 40.

의 계보에 속해 있으며, 놀라울 정도로 강직한 그의 인품은 그의 글 구석구석에 깊숙이 녹아 있다.

중세 정교회 영성가 중에서 유일하게 그는 공개적으로 자신의 개인적이고 내적인 체험에 대해 말하고, '하느님을 본' 자신의 체험을 묘사하며, 신비적 삶의 영적 사건을 교회의 전통적 제도와 대립시키기를 두려워하지 않았다.

동방 그리스도교의 금욕적 영적 저술 대부분은 개성을 배제하는 특징이 있다고 사람들은 말하곤 한다. 요한 클리막스나 고백자 막시모스도 기도에 대해 가르칠 때 자신을 앞세우지 않는다. 그들은 영성의 학교인 교회에 속해 있다는 의식을 가진다. 심지어 다른 이들이 말하지 않았던 것에 대해 말할 때

스투디오스 수도원과 마르마라 해 ▲
11세기, 바실리오스 2세의 메놀로기온

조차도, 그들은 이 고유한 요소를 동일한 전통의 새로운 표현으로 보았을 뿐이다. 시메온도 기본적으로 이러한 규칙에서 예외가 아니다. 하지만 그가 경험한 하느님과의 인격적 만남이라는 사태는 너무나도 압도적인 것이었고, 그래서 다른 교부들보다 전통적인 형식에 따라 글을 써 나가는 데 덜 관심을 갖게 했다. 그의 표현 방식은 이 점에서 서방의 대(大)영성가들의 방식과 비교될 수 있다.

우리는 여기서 몇몇 인용문을 통해서 시메온의 저작에 나타난 다음과 같은 두 가지 결정적인 요소만을 강조하는 데 만족하고자 한다. 첫 번째는 특별히 자신의 참회를 묘사할 때 나타나는 영적 사건의 우선성에 대한 그의 확신이며, 두 번째는 특별히 그의 성사적 실재론(réalisme sacramentel)에서 두드러지게 나타나는바 그리스도 중심적인 신비 영성에 대한 확고한 실재론적 입장이 그것이다.

다음은 시메온이 자신의 수도 소명을 묘사한 「강론」 91에서 발췌한 글이다.

> 당신은 나를 악취 풍기는 늪에서 끌어내셨습니다. 내가 땅을 밟았을 때, 당신은 나를 당신의 종이요 제자인 시메온('경건한' 시메온으로 신신학자 시메온과 동명이인인 그의 영적 스승)에게 맡기면서 나의 모든 더러움을 씻어 주라고 명하셨습니다. 그는 마치 소경을 이끌어 가듯 손으로 나를 잡아 샘으로, 다

시 말해 성경과 당신의 거룩한 계명으로 인도하였습니다. … 어느 날 목욕하러 달려가던 도중, 전에 나를 오물에서 끌어내신 당신은 다시 나를 만나주셨습니다. 이때 처음으로 당신의 거룩한 얼굴이 뿜어내는 순전 무결한 광채가 나의 나약한 눈을 비추어 주었습니다. … 이날로부터 당신은 자주 내게 오셨지요. 내가 샘 앞에 있을 때마다, 당신은 나의 머리를 잡아 샘물 속에 잠기게 하셔서 당신 빛의 광채를 보게 하셨습니다. 하지만 당신은 곧 사라지셨고 보이지 않으셔서, 저는 당신이 누구였는지 이해할 수조차 없었습니다. …

마침내 당신은 당신의 숭고한 신비를 내게 드러내 주셨습니다. 당신이 나를 정결의 물속에 빠뜨리고 또 빠뜨리기를 계속하던 어느 날, 나는 청명한 광채가 내 주위를 감싸는 것을 보았습니다. 나는 물에 어린 당신 얼굴의 광채를 보았습니다. 이 찬란한 물결로 깨끗하게 씻겼음을 느꼈을 때, 나는 내 자신을 벗어나 황홀경에 사로잡혔습니다. …

얼마간의 시간이 지났습니다. 그 후 당신의 은총으로, 보다 두려운 또 다른 신비를 관상할 기회가 내게 주어졌습니다. 나는 당신이 나를 붙들고 하늘로 올라가는 것을 보았습니다. 하지만 몸째 올라갔는지 그렇지 않은지 나는 모릅니다. 나를 지으신 당신만이 그것을 아십니다. …

다시 정신이 돌아왔을 때, 나는 내가 눈물을 흘리고 있음을 알았습니다. 다시 지극한 결핍의 상태로 돌아 온 모습에 놀

라고 슬펐기 때문입니다. 다시 정신이 돌아온 지 얼마 되지 않아, 당신은 하늘을 열어 형체도 모양도 없는, 마치 태양처럼 빛나는 당신의 얼굴을 내게 보여주기를 허락하셨습니다. 하지만 당신은 여전히 당신이 누구이신지는 드러내 알려 주지 않으셨습니다. 내게 말해 주시지도 않았고, 곧이어 내 연약한 시각에서 당신 자신을 빼앗아가 버리셨으니, 내가 어찌 그것을 알 수 있었겠습니까? …

줄기차게 눈물을 흘리며, 나는 '알려지지 않으신 분' 당신을 찾아 다녔습니다. 나는 슬픔과 낙담에 짓눌려 세상과 세상에 있는 모든 것을 완전히 잊어버렸습니다. 내 영은 감각적인 것이라고는 그 무엇도 간직하지 않았습니다. 그러자 볼 수 없고, 잡을 수도 없고, 만질 수도 없는 당신이 나타나셨습니다. 나는 당신이 나의 지성을 정화하고 있음을 느꼈습니다. 내 영혼의 눈을 열어 주시는 것을 느꼈습니다. 당신의 영광을 충만하게 관상할 수 있도록 허락해 주셨다는 것을 알게 되었습니다. 당신 자신이 빛으로 더욱 커져 가는 것을 느끼게 되었습니다. 오, 주님이시여, 절대 부동이신 당신이 움직이셨고, 절대 불변이신 당신이 변하셨고, 형체 없는 당신이 하나의 형체를 취하신 것만 같았습니다. … 당신은 한없이 빛나셨으니 만물이 온통 당신을 드러내는 것만 같았습니다. 당신을 분명하게 바라보고 있는 제게 말입니다. 그래서 나는 용기를 내어 당신께 여쭈었습니다. "오, 주님, 당신은 누구십니까?" …

처음으로 당신은 비참한 죄인인 내게 당신의 부드러운 음

성을 들을 수 있는 은총을 베푸셨습니다. 당신은 너무나도 온유하게 내게 말씀하셨고, 그것이 나를 두려워 떨게 했고 놀라게 했습니다. 당신은 내게 이렇게 말씀하시면서, '어떻게 또 왜' 내가 그토록 큰 복을 당신에게서 받아 누렸는지 아느냐고 물으셨습니다. …

"나는 너를 사랑하여 사람이 된 하느님이다. 네가 나를 그토록 열망하고 온 영혼을 다해서 나를 찾았으니 이제부터 너는 나의 형제요 나의 친구요 내 영광의 상속자가 될 것이다. …"

당신은 그렇게 말씀하고 나서 침묵하셨습니다. 그리고는 천천히 내게서 멀어져 가셨습니다. 오, 달콤하고도 부드러운 스승이시여, 오, 나의 주 예수 그리스도시여![31]

시인이자 신비가인 시메온은 여기서 생생한 이미지를 통해 그리스도교적 체험의 본질을 표현한다. 그것은 '교제할 수 없는 분'(l'Incommunicable)과의 교제, '알 수 없는 분'(l'Inconnaissable)에 대한 앎이다. 이는 피조물을 죄에서 끌어내어 하느님의 생명을 준 '말씀의 육화' 사건을 통해서 비로소 가능해진 것이었다. 바로 이것이 후에 팔라마스가 하느님 안에서 본질과 에네르기아를 구분함으로써 설명하고자 했던 것이다. 시메온은 본질의 초월성을 확증하고, 창조된 존재가 신비 앞에서 느낄

31　St. Syméon le Nouveau Théologoen, *Discours* 91, trad. M.L.-B., dans *Vie Spirituelle*, XXI, 1931, pp. 305-308.

수밖에 없는 떨림을 묘사하며, 계시와 은총의 사실성과 살아 계신 하느님 예수 그리스도 안에서 하느님과 얼굴과 얼굴을 맞대고 만날 수 있다는 것을 선언하는 것에 만족한다.

신신학자 시메온은 평생 교회 지도자들과 사이가 좋지 않았다. 교회 지도자들은 하느님을 뵙는 체험을 한 이 수도승을 의심의 눈초리로 바라보았다. 그는 성직 서품을 받지 않은 수도승에게 고백(confession)하는 것을 허락했던 고대 수도원 관습을 열렬히 옹호했을 뿐 아니라 - 게다가 이 고백은 고해성사(pénitence sacramentelle)와 분명하게 구별되었다 -, 아무 열매를 맺지 못한다면 세례의 효력도 신뢰할 수 없다고 주장했기 때문이다.

서방의 가난한 프란체스코 성인을 비롯한 많은 성인들이 그랬듯이, 시메온의 삶도 전체가 예언자와 사제들 사이의 갈등, 사건과 제도 사이의 갈등으로 점철되어 있다. 하지만 시메온에게 신학적 감각과 성경과의 심오한 친밀성이 있었다는 사실은 부정할 수 없다. 우리가 인용한 그의 영적 체험에서도 도처에 바울로 신학의 반추가 나타나지 않는가?

기계적 성사주의(sacramentalisme mécanique)에 대한 그의 반대는 - 동방 그리스도교에서 매우 이례적인 것이다 - 결코 그를 에바그리오스의 지성적 신비주의나 신플라톤주의적 정신주의로 되돌아가게 하지 않았다. 교회의 성사들은 그의 영적 세계에 통합된 한 부분이었고, 성체성혈 성사 전과 후에 드리는 그의 기도문은 오늘날 정교회 기도예식서가 담고 있는 기도문들 중에서도 가장 실재론적인 것에 속한다.

> 거룩한 재생의 은총에 참여하는 사람은
> 더 이상 혼자가 아니라 당신 안에서 모든 것입니다.
> 오, 그리스도시여.
> 내가 감히 당신께 다가가는 까닭입니다.
> 보시다시피 슬픔에 찬 영혼으로 눈물 흘리며,
> 내게 죄 용서를 허락하여 주시고, 정죄되지 않고
> 당신의 거룩한 신비에 참여할 수 있게 해 주시길 간청하면서
> 나는 당신께 희망을 둡니다. 떨면서 불이신 당신과 교제합니다.
> 나 자신은 그저 지푸라기일 뿐입니다.
> 하지만, 오, 기적이시여,
> 나는 갑자기 그 옛날
> 모세의 불타는 가시떨기 나무처럼 불타오릅니다.[32]

> 지극히 순결하고 거룩한 당신의 몸은
> 당신의 신성과 신비롭게 연합되어
> 그 신성의 불로 밝게 빛납니다.
> 주님,
> 당신은 이 부패의 성전(내 육신)이
> 당신의 거룩한 육신과 하나가 되게 하시고
> 나의 피가 당신의 피와 섞이게 해 주셨습니다.
> 이제 나는 당신의 투명하고도 맑은 지체입니다.[33]

---

32 위의 책, p. 303-304
33 위의 책, p. 309.

시메온의 천재성은 동방 수도승의 신비 전통의 진정한 영적 내용과 종교적 가치를 표현할 수 있게 해주었다. 모든 참된 그리스도인들에게 하느님과의 살아있는 만남, 예수와의 의식적인 교제와 연합의 경험이 필요하다고 주장하면서, 성 마마스 수도원장은 이 연합의 본질이 과연 무엇일까 하는 문제를 제기하였다. 교리적 차원에서 이 문제를 해결하는 것은 팔라마스의 몫이 될 것이다.

13~14세기 비잔틴 헤지카즘

사람들은 종종 14세기 비잔틴에서 헤지카스트 운동이 다시 크게 일어나게 한 원천을 시나이 산에서 찾는다. 14세기 초 시나이의 성 그레고리오스는 '마음의 기도' 수행법을 가져와 아토스 성산에 이식했다. 성 그레고리오스의 전기는 이 기도 수행의 내용을 전해 준다. 하지만 이 전기는 보통 성인전이 어느 정도의 과장을 포함하고 있듯이 그레고리오스 성인의 역할을 지나치게 높이 평가한다. 물론 14세기 헤지카즘의 확산에 있어서 시나이의 그레고리오스가 차지하는 중요성은 대단하다. 특별히 슬라브 국가에서는 더욱 그러하다. 하지만 그

▲ 사도들의 성찬 교제(부분)
"나 당신께로 다가 가나이다."
11세기(프레스코), 성 소피아 대성당, 키에브

이전에도 그와 견줄 만한 역할을 한 스승들이 있었다. 팔라마스는 그레고리오스보다 이들에게 더욱 기댄다. 그러므로 우리는 그들에게 특별한 관심을 기울이고자 한다.

헤지카즘과 관련된 논의의 중심에는 분명 헤지카스트 니케포로스라는 이름이 자리하고 있다. 팔라마스는 그에 대해서 이탈리아인으로서 정교회 신자로 개종했으며 미카엘 8세 팔레올로고스 황제(1261-1282)의 동서방 교회 일치 정책에 대한 반대자 중의 하나로 활약하다 후에 아토스 산의 수도승이 되었다고 말한다. 이 시기 정교회로 개종한 많은 이탈리아인처럼 니케포로스 또한 칼라브리아나 시칠리아의 그리스인이었을 것이다.『마음의 간수에 대하여』(*Sur la garde du coeur*)라는 짧은 저술을 남겼다는 것과 비잔틴 교회의 영적 권위자 가운데 제자를 많이 두었다는 것 말고는 딱히 그의 생애에 대해서 우리가 아는 것은 없다. 아토스 성산의 수도인 카리에스 가까이에 그가 살았던 암자가 있었을 것이라고 짐작

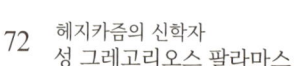
미카엘 8세 팔레올로고스 ▲
카리에스, 아토스 ▶

한다.

우리는 위에서 요한 클리막스의 글을 인용했다. 이 글들은 이미 헤지카스트 삶의 목적이 "형체 없는 분을 몸에 담는 것"이며 "예수 이름을 호흡과 결합시키는 것"이라고 선언하고 있다.

위(僞) 마카리오스의 『영적 설교』는 헤지카스트 영성 전체를 이런 의미로 정향시켰다. 육과 혼과 영은 단 하나의 통합된 유기체로 이해되었고, 오직 죄만이 육체가 영에 거슬러 반역하게 하고, 영으로 하여금 온갖 쓸데없는 상상 속을 헤매게 하며, 육체를 정념의 폭압적 지배에 종속시킴으로써 이 통일성

을 붕괴시킨다. 그리스도는 인간의 이 통일성을 회복하러 오셨고, 헤지카스트는 예수 이름의 끊임없는 기억을 통해서 자기 안에 구속의 은총을 살아있게 한다. 이 은총이 진정으로 효력을 가지도록, 헤지카스트는 "영(esprit)을 마음 안으로" 다시 불러와야 한다. 다시 말해 영을 원래 자신의 자리로, 인간 유기체의 심리적이고 육체적인 중심인 이 마음으로 되돌려 놓아야 한다. 이를 통해서 이 유기체의 다양한 부분 사이의 조화를 재구축해야 한다.

니케포로스는 자신의 글에서 이런 사상 요소를 계승하여 일련의 영적 훈련 규칙을 정립해 나갔다. 종종 이 규칙을 헤지카즘 그 자체와 동일시하는 오류가 나타나기도 했지만, 저자 자신도 그랬듯이, 이러한 규칙은 그저 이차적인 중요성을 가질 뿐이었다. 이 저작은 성인전과 교부 저작에서 글을 인용하여 모아 놓은 것이다. 알렉산드리아의 아타나시오스가 기록한 『성 안토니오스의 생애』에서 발췌한 글이 마카리오스, 요한 클리막스, 포티케의 디아도코스, 신신학자 시메온, 그 밖의 다른 영적 스승의 본문과 나란히 소개된다. 이 선집의 부록에서 저자는 영성 생활에 대한 질의응답 형식으로 영적 가르침을 준다.

'집중'(attention)이란 무엇인가? 이것에 도달할 수 있는 방법은 어떤 것이 있는가? 교부들이 말하는 것처럼 끊임없는 기도에 도달하기 위해 헤지카스트가 넘어야 할 가장 큰 장애물은 정말 '영의 분산'인가? 영이 외부 세계의 개념에 의해 공격당하고 죄로 인해서 하느님이 정해 주신 자리이며 '유기체 전체를 다스리는' 유일한 중심인 마음에서 멀리 떨어져 나가 있을 때, 마음속에 예수 이름을 간직하는 것은 가능한가?

아주 대중적인 언어로, 또 교리적 연구의 딱딱함을 배제하면서 니케포로스는 모든 난관을 극복할 가장 전통적인 수단들을 제시한다. 그것은 바로 '영적 스승'의 지도를 따르는 것이다. 마지막으로 그는 '경험 많은 영적 스승'이 없을 경우 취할 수 있는 한 가지 실천적인 방법을 제시한다.

> 오류가 없는 스승을 찾는 것이 제일 중요하다. 그의 가르침은 우리가 좌나 우로 치우치는 것을 깨닫게 해줄 것이고, 집중에 있어서 지나친 것이 있다면 알려줄 것이다. … 만약 그대가 그러한 스승을 찾지 못했다면 참회의 영으로 눈물을 흘리며 하느님을 부르라. 모든 것을 버리고 그분께 간청하라. 그리고 내가 말하는 것을 실천하라.
>
> 먼저 평화 안에 머물며 근심을 없애고 모두와 화평을 도모하라. 그러고 나서 그대의 방으로 들어가 방 한구석에 앉아서 내가 말하는 대로 행하라.
>
> 우리는 들숨 때 들이마신 공기를 심장(마음) 때문에 다시 내뱉는다는 것을 안다. … 그대에게 말했듯이, 앉아서 그대의 영을 모아 코로 들이마셔라. 그것이 바로 숨이 심장으로 가는 길이다. 이 영이 들이마신 공기와 함께 그대의 심장(마음)

까지 내려갈 수 있도록 밀어붙여라. 영이 이곳에 다다르면 기쁨이 뒤따르는 것을 보게 될 것이다. 아무것도 후회할 것이 없을 것이다. 그것은 마치 오래도록 집을 비웠다가 다시 돌아온 사람이 아내와 자식을 다시 보고 기쁨을 억누를 수 없는 것과 같다. 영이 다시 영혼과 연합하게 되면, 이루 말할 수 없는 기쁨으로 넘쳐날 것이다.

다음으로, 비록 그대의 영이 마음으로 내려간다 해도 기도를 멈추거나 게을리 해서는 안 된다는 것을 알아야 한다. 오직 '주 예수 그리스도, 하느님의 아들이여, 나를 불쌍히 여기소서'라는 부르짖음만이 그대의 관심사요 묵상이 되어야 한다. 어떤 일이 있어도 중단해서는 안 된다. 이 훈련은 그대의 영을 정처 없는 유랑에서 구해 내어 피난처에 보호해주고, 적의 어떤 계략도 그것에 미치거나 접근할 수 없게 해준다. 그리하여 매일매일 그대의 영을 하느님에 대한 사랑과 열망 안에서 양육할 것이다.

하지만 내 형제여, 내가 말한 대로 아무리 노력해도 마음에 도달하지 못한다면, 내가 지금 말하는 대로 하라. 하느님의 도우심으로 목적을 이룰 수 있게 될 것이다. 인간의 이성이 마음에 자리하고 있다는 것을 그대는 알고 있다. 사실 입술을 다물고 있을 때도 우리는 마음에서 말하고 결정하고 기도와 시편을 암송한다. … 이 이성에게서 모든 잡념을 쫓아낸 후에 – 원하기만 한다면 그대는 그렇게 할 수 있다 –, 이 이성에 '주 예수 그리스도여, 나를 불쌍히 여기소서'라는 기도를 주어라. 그리고 다른 생각일랑 모두 쫓아내고 오직 이

...ομ το ϛήμαι ἐν καιρῷ τῆς προσευχῆς ἐκ μυλε-
... περοσευχῇ, ἀλλὰ τὸ πῦρ τὸ τῆς προσευχῆς
ἐν πάντοτε :~ † ἀπ:~ Εἴ τί ὀψῦ εἰ:~ ἀπόπι-
..ο εἰ τὸ ἐμὸ δυνηθῇ παπεῖα, εἰ τὸ ὀργον ποιῆσο-
..ι ἀπὸ τῆς τῆς ἀχνῆς :~ ἐρῶ. ἐὰν οὖν
...ατὶ προσλαλῶ, πῶς δύναμαι πληρῶσαι τὸ δέον
τῆ προσεύχεσθαι :~ ἀπ:~ Διὰ τοῦτο εἰπ-
...ἀπόστολος διαπαντὸς προσεύχεσθαι καὶ δεηθῆναι.
ὁ οὖν σχολάζεις ἐις μιᾷ ἄλλου τί ρος ὁ καὶ λυμ-
...ροσάξαι διὰ δεήσεως προσεύχου· κ᾿ἐν ὑψχε-
ἐ τοῦ θῦ ἐλέησόν με :~ λ᾿ νί κῃ φόρου ππ-
...λακή καρδίας μετὰ τὸ ὠφελεῖ ἀο:~
οἱ τῆς μὲν ἀγάπης περὶ ποίου τοῦ σεροῦ ἡμῶν ἰῦ χῦ θε-
... φωτὶ φαμίᾳ ἐστυχεῖν ὁρωτίκως ἄχωι,
σοι τὸ ὅμοιον πῦρ καρδιακῶς ἐναφθήσοι ὑπο-
..αθαι βούλεσθαι, ὁ δὲ ἐν τῷ περίσυ δὴ κατα-
...λω πείρα καὶ αἰσθήσεως τυχεῖν ἀοδοξία,
σοι τὸν θυσαυρὸν τὸν ἐν τῷ ἀγρῷ τῶν καρδιῶν
...μων κεκρυμμένον ἀρεῖν καὶ κτήσασθαι;
ἐν τοῦ κ᾿ οῦ μοῦ ἂν παντὶ ἐπεκτείνεσθαι· ὁ δὲ οἱ
...ας λαμπάσι τὰς ψυχικὰς ὠσφραδῶ ἅμα
...θῆναι ἀπὸ τοῦ παρόντος, τὰ παρόντα ἀπο-
..πτᾶζεσθαι, ὁ σοὶ ἐν τῷ ἐρῶ ὡς καὶ πείρᾳ τῆς τῶν
...νῶν βασιλείας ἐν τῷ θεῷ ἡμῶν οὐ σνοωσμω
...α καταλαβεῖν θέλει, ὧστε καὶ δὴ νῆσον μάι-
...μέρας ὡρίου μᾶλλον δὲ ὁ σου ἰου αἰωνίου ἐτῷ
...ῆ μηνῶν λλον ἥμε θόδον· ἀκόπως εἰς τον τῆς

기도만을 내적으로 부르짖게 하라. 시간이 지나감에 따라서 이 훈련에 점차 익숙해질 것이고, 그러면 내가 말한대로 분명 마음으로 들어가는 길이 열릴 것이다.[34]

이렇게 마카리오스가 기도에 있어서 마음에 부여했던 역할을 니케포로스는 아주 구체적으로 보여준다. 그의 기도 방법은 마카리오스를 비롯한 정교 신앙 전통의 고유한 인간론에 바탕을 두고 있지만, 그 기원은 셈족(유대교)이다. 정신과 신체를 떨어질 수 없는 하나의 전체로 이해하고 있는 성경적 인간 개념은, 비록 수세기 동안 신플라톤주의적 이원론의 유혹에 시달리기도 했지만, 비잔틴 수도(修道) 영성에서 마침내 승리를 거두었다. 사실, 니케포로스에 의해 제안된 육체의 훈련은 "모든 정신 활동은 육체적 반향을 가진다는 아주 단순한 사실"로부터 도출된 것이다. "비록 잘 느낄 수 있는 것은 아니지만, 육체는 감각을 통해서 감정, 추상적 사고, 의욕, 심지어 초월적 체험 등과 같은 영혼의 모든 운동에 참여한다."[35]

니케포로스에게서 가장 두드러진 것은 그의 몇몇 설명이 전제하고 있는 순전히 인체 생리학적 개념들이다. 이 인체 생리학 자체도 사실 성경의 생리학과 매우 가깝다. "마음은 주요한 부분이다. 그것은 몸 전체의 주도권을 가지고 있다. 그

---

34 St. Nicépore l'Hésychaste, *Sur la garde du coeur*, trad. J. Gouillard, *Petite Philocalie*, p. 203-205.
35 A. Bloom, "Contemplation et ascèse", dans les *Etudes Carmélitaine*, 1949, p. 54.

안에 창조주는 생득적인 온기의 원천을 두셨다. 냉정을 유지하는 기능을 가진 심장을 통해 마음은 호흡과 말에 개입한다."[36] 하지만 니케포로스가 그의 영성에 있어서 이 인체 생리학에 본질적 역할을 부여하지는 않았음을 인정해야 한다. '정신·신체학적'(psychophysiologique) 방법은 '집중' 혹은 '마음의 간수'를 실현하는 방법 중의 하나일 뿐이다. 그리고 이 집중과 마음의 간수도 참된 기도에 필수적인 조건이지만 기도의 본질이나 궁극적 목표라고 할 수는 없다.

이런 점에서 그리스도교적 헤지카스트의 기도는, 어느 정도는 자동적으로 신비 상태로 이끌어주는 인도의 요가나 이슬람교의 디크르(Dhikr)와 근본적으로 구별된다. 13세기에 그리스도교 수도승들과 이슬람교도들의 적지 않은 접촉이 일어났다. 필로테오스와 그레고리오스 팔라마스의 저작이나 성인전이 이런 사실에 대한 많은 증언을 제공해 준다. 호흡과 결합된 '하느님 이름(神名) 기도'는 당시 이슬람교 안에 폭넓게 보급되어 있었기에, 이 두 영성 사이의 상호작용을 부정하는 것은 불가능하다.[37]

하지만 이러한 공존은 이슬람교가 신명 기도를 사용하는 것과 그리스도교가 이를 사용하고 해석하는 것 사이의 대비를 강

---

36 A. Guillaumont, "Le sens du nom de coeur dans l'Antiquité", dans les *Etudes Carmélitaines*, 1950, p. 77.
37 L. Gardet, "Un problem de mystique comparé ; la mention du Nom divin - Dhikr - dans la mystique musulmane", dans la *Revue Thomiste*, 1952, III, pp. 642-679 ; 1953, I, pp. 197-216.

조해 줄 뿐이다. 물론 민중 사이에서는 변형과 혼합의 현상이 없지 않았겠지만, 그리스도교 수도승들에게 이 호흡 기도는 성사적 신비, 은총의 신학과 떼어놓을 수 없는 것이 되었다.

13, 14세기 비잔틴의 많은 영적 저술은 조금씩 차이가 나지만 니케포로스의 권면에 크게 의존했다. 사실 신신학자 시메온의 것이라고 잘못 알려져 온 익명 저자의 『거룩한 집중의 방법』(*Méthode de la sainte attention*)에서뿐만 아니라 시나이의 그레고리오스, 칼리스토스, 이그나티오스 크산토풀로스에게서도 우리는 그것을 확인할 수 있다. 다른 한편, 팔라마스에 의하면, 13세기 말 비잔틴 그리스도교의 두 거목인 총대주교 아타나시오스 1세와 필라델피아의 수도대주교 테올렙토스 또한 제자들에게 그런 권면들을 주었다고 한다.[38]

이런 사실들은 헤지카스트 영성이 크게 확산되어 있었다는 증거다. 또한 이것은 이 영성의 참된 특징을 보여준다. 테올렙토스나 아타나시오스는 은둔 수도승도, 수도원에 칩거했던 수도승도, 광야로 물러나 있던 독수도승도 아니었다. 이 두 성인은 모두 비잔틴에서 그리스도교 사회의 사회적, 영적 개혁을 주도했던 인물이었고, 그들의 생애와 업적을 통하여 교회적·공동체적·성사적 정신을 드높인 사람들이었다. 그들과 그들의 계승자들을 통해서 14세기의 헤지카즘은 단지 개인

---

[38] St. Grégoire Palamas, *Triades* I, 2, 12 ; II, 2, 3.

적인 신비 영성 운동만이 아니라 교부 전통에 입각한 영적 재부흥으로 나타났다. 아타나시오스와 테올렙토스 같은 인물을 통해서 예수 기도의 그리스도 중심적 신비 영성은 교회적 차원을 확보하게 되었다. 그리고 그레고리오스 팔라마스를 통해서 헤지카즘은 그 신학적 완성을 발견하게 될 것이다.

이 헤지카즘의 대가인 팔라마스로 넘어가기 전에 우리는 비잔틴뿐만 아니라 슬라브 세계에서도 강력한 영향을 미쳐서 팔라마스주의가 승리하는 데 결정적인 역할을 담당했던 시나이의 그레고리오스(1255-1346)에게 잠깐 머물지 않을 수 없다.

소아시아 태생인 그레고리오스는 요한 클리막스의 전통이 강하게 남아 있었던 시나이 수도원에서 오래도록 수도생활을 했던 이력 때문에 '시나이 사람'이라는 별칭을 얻었다. 그의 전기 작가인 총대주교 칼리스토스는 그가 이곳에서 기도와 공부에 모든 시간을 바쳤고 수도원의 누구보다도 지적으로 탁월했다고 말한다. 하지만 그가 아르세니오스라는 이름의 한 수도승에게서 '마음의 간수'와 '순수기도'에 대해 배우게 된 것은 시나이 수도원이 아닌 크레테에서였다. 이어서 그는 아토스 성산으로 들어가 곧 마굴라 스키티의 은수 공동체 지도자가 되었고 얼마 지나지 않아 그의 주위에 많은 제자들이 모여들게 되었다.

1325년경 대수도원들을 방어하는 성벽 바깥에 거주했던

아토스의 수도승들은 투르크족의 잦은 노략질의 희생물이 되었다. 그레고리오스는 아토스를 떠나지 않을 수 없었고, 결국 비잔틴 제국과 불가리아 제국의 접경지대인 파로리아의 트라스 산악 지대로 들어가서 요한 알렉산드로스 불가리아 차르의 보호를 받았다. 바로 이 파로리아 지방으로부터 슬라브 지역 전체로 헤지카즘이 퍼져 나갔다. 실제로 시나이의 그레고리오스의 직·간접적인 제자 중에는 트로노보의 테오도시오스, 불가리아 총대주교 에프티미오스, 키예프의 관구 대주교 키프리아노스 등 장차 슬라브 국가들의 영적·지적 르네상스를 선도하고 주도할 인물이 배출되었다. 그들을 통해서 헤지카즘은 러시아까지 파고들어갔고, 바로 그곳에서, 15세기 볼가 강 건너편에서 시작된 그 유명한 '스타레츠'[39] 영적 운동을 태동시켰다.

시나이의 그레고리오스의 글은 정교회 수도승들에게 아주 인기가 좋다. 『낙원의 사다리』의 교훈에 깊이 젖어 있었던 그레고리오스는 수도승의 심리에 대한 심오한 지식과 함께 순수기도의 영성을 내놓았다. 그는 이전 세대에 의해 켜켜이 축적된 경험을 그 바닥까지 철저하게 탐구한다. 그래서 그의 저작은 극도로 함축적이고 때로는 세밀해서 신비주의적 증언이 아주 구체적인 권면과 나란히 제시된다. 헤지카스트 전통 전

---

39 역자 주) '스타레츠'는 러시아 말로 '원로', '장로', '영적 아버지'를 의미한다. 그리스 말로는 '게론다'가 같은 의미로 쓰인다.

체가 다음과 같은 말로 간명하게 요약될 수 있을 것 같다.

> 계명들 위에는 이 모든 계명을 끌어안는 하나의 계명이 있는데 그것은 바로 하느님 기억이다. "너희는 주 너희 하느님을 기억해야 한다."(신명기 8:18) 이것을 지키지 못해서 다른 계명도 범하고, 이것을 지킴으로써 비로소 다른 계명도 지킬 수 있게 된다. 맨 처음에 망각이 하느님 기억을 파괴해 버렸고 계명을 흐릿하게 만들었으며 인간을 발가벗겨 버렸다.[40]

참된 생명에는 필수적인 것이었지만 죄로 인해 흐려져 버린 이 '하느님 기억'은 헤지카스트가 회복하고자 했던 바로 그것이었다. 이것을 위해서는 하느님에 대한 것 말고는 그 어떤 생각도 다 멀리해야만 한다.

> 죄를 범한 후 단순하고도 통일된 기억은 와해되었고, 이것이 모든 생각의 기원이자 원인이다. 단순하고 통일된 것에서 구성적이고 다양한 것으로 변해 버린 기억은 하느님 기억을 잃어버렸고 자신의 능력조차도 타락시켜 버렸다.

> 생각이라는 해롭고도 사악한 기억으로부터 이 최초의 기억을 해방시키는 약은 최초의 단순성으로 복귀하는 것이다. … 기억에 대한 위대한 치료약은 바로 기도 안에서 하느님을 요지부동 줄기차게 기억하는 것이다.[41]

---

40 St. Grégoire le Sinaïte, *Acrostiches sur les commandements*, trad. J. Gouillard, *Petite Philocalie*, p. 239.
41 위의 책, p. 240.

'고요'(헤지키아)의 박사, 시나이의 그레고리오스는 회수도(會修道) 생활보다는 은수도(隱修道)의 길을 훨씬 선호했기에 그 자신도 시나이 수도원에서 은수도 생활을 실천했고, 비잔틴의 대(大) 수도원들에서도 그것은 여전히 존재하고 있었다. 그는 전례 기도 – 혹은 시편 기도 – 는 하느님 기억을 회복하는 데 있어서 지나치게 외적인 것이라고 믿었다.

> 그대는 가끔씩만 시편으로 기도드리는 사람들을 본받으라. … 시편 기도를 드리는 것은, 조금 몰라도 상관없을 뿐만 아니라 피곤한 것이기도 하기에, 활동적인 사람들의 일이지 마음속으로 홀로 하느님께 기도하며 모든 생각에서 벗어나 있기를 원하는 헤지카스트의 일은 아니다.[42]

14세기 헤지카즘의 대(大) 스승들이 모두 다 시편 기도에 대해서 부정적이었던 것은 아니다. 특별히 필라델피아의 테올렙토스는 제자들에게 회수도회의 모든 규율을 엄격하게 따를 것을 강력하게 권면했고, 총대주교 필로테오스가 전하는 이야기에 따르면, 한 번은 팔라마스가 '순수기도'에 전념하기 위해 홀로 물러나 있어야겠다고 생각했을 때, 갑자기 환상 중에 안토니오스 성인이 엄한 모습으로 나타나 형제들에게 돌아가 그들의 공동 기도에 참여하라고 권면했다고 한다. 그러므로 시나이의 그레고리오스는 보다 개인주의적이고 신비주

---

42 위의 책, p. 261.

의적인, 폰투스의 에바그리오스에 가장 충실했던 흐름에 속해 있었던 것 같다. 그의 생애 말년 수도승들의 영성과 관련하여 터져 나왔던 교리 논쟁에 그가 조금도 개입하지 않았다는 사실은 결코 우연이 아니다. 그럼에도 그의 가장 가까운 제자들, 이를테면 칼리스토스, 마르코스, 다비드 디시파토스 등은 팔라마스의 편에 서게 된다. 게다가 시나이의 그레고리오스도 발람으로 대표되는 인문주의자들과 대립해 있던, 그의 형제인 수도승들에게 더 호의적일 수밖에 없었다. 왜냐하면 그 자신도 기도를 호흡과 결부시키라고 권면하였을 뿐만 아니라 위(僞) 시메온이 몸의 자세와 결부된 기도에 대해 말하고 있는 『거룩한 집중의 방법』을 눈에 띄게 인용하고 있기 때문이다. 그의 영성에 에바그리오스의 특징이 많은 것은 사실이지만, 수도승들에게는 마카리오스와 신신학자 시메온의 전통이 워낙 강하게 살아있어서, 그도 이러한 전통 안에 머물러 있지 않을 수 없었다. 그의 저작과 그 시대의 다른 헤지카스트 저작에서도, 우리는 예수 이름의 신비, 순수기도의 영성이, 예수 그리스도 안에서의 성사적 삶과 긴밀히 결부되어 있다는 구절을 수없이 발견한다. 그에게나 다른 헤지카스트에게나, 헤지카스트의 삶의 목표는 성경이 모든 그리스도인에게 제시하는 목적과 본질적으로 다르지 않다. 그것은 사람에게 이미 주어졌지만 죄로 인해 숨겨진 세례 은총을 명확하게 알아차리고 꽃피우는 것이다.

우리들 대부분은 게으름과 사악한 습관으로 인해 무감각과 무분별 속에 빠져 버린다. 우리는 심지어 하느님은 있는지, 우리가 누구인지, 또 우리가 하느님의 아들, 빛의 아들, 그리스도의 자녀이자 지체가 되었다는 것이 무엇인지조차 알지 못한다. 우리가 어른이 되어 세례를 받았는가? 우리는 물만 알았지 성령은 모른다. 설사 우리가 성령 안에서 새롭게 되었다 해도 지금 우리가 믿는 것은 죽어 움직이지 않는 신앙일 뿐이다. … 사실 우리는 육이며 육에 따라 행동한다. … 거룩한 세례 성사에서 받았던 성령의 에네르기아를 회복하는 데는 두 가지 방법이 있다. 첫째, 이 선물은 보통 계명을 실천하려는 오랜 노력의 결과로 드러난다. 둘째, 그것은 (영적 아버지에 대한) 순종의 삶을 살면서 끈질기게 또 끊임없이 주 예수를 부를 때, 다시 말해 하느님을 기억할 때 드러난다. 첫 번째 길은 훨씬 길고, 두 번째 길은 보다 짧다. 금을 발견하기 위해서 용기와 인내심을 가지고 땅을 파헤치는 법을 이미 배웠다고 가정할 때 말이다.[43]

시나이의 그레고리오스의 본질적 관심사 중의 하나는 상상이 만들어내는 모든 환상으로부터 제자들을 보호하는 것이다. 그러한 환상은 본성 그 자체로부터 필연적으로 발생하기도 하지만 그보다는 악마에 의해 야기되는 경우가 더욱 많다.

하느님을 사랑하는 이여, 정말 조심하라. 그대가 집중하여 일을 할 때, 그대 자신 안에서나 혹은 밖에서, 빛이나 불, 이

43　St. Grégoire le Sinaïte, "De la contemplation et de la prière", 위의 책, p. 241-244.

른바 그리스도의 형상이나 천사와 성인들의 모습 등을 보게 되거든, 결코 그것을 받아들이지 말라. 그것에 의해 큰 충격을 받을 수도 있다. 그대 영혼이 스스로 그러한 형상을 빚어내도록 허용해서도 안 된다. 이렇듯 시의적절하지 못하게 외적 형상을 만들어내는 것은 모두가 우리 영혼을 빗나가게 만드는 효과를 초래한다. 기도의 참된 원리는 마음의 온기로서, 그 온기는 정념들을 없애버리고, 영혼에 즐거움을 가져다주며, 확고한 사랑과 의심의 여지없는 충만의 감정 속에 마음을 순응케 한다.[44]

시나이의 그레고리오스는 여기서 정교회 신비 영성 전통의 본질적인 특징을 주장한다. 자발적이건 그렇지 않건 어떤 형태의 형상이라도 상상하는 것은, 하느님과의 연합에 있어서 가장 위험한 적이라는 것이다. 동방의 신비가들은 이 점에 있어서 공교롭게도 상상이 "은총의 통로를 막아 버린다"는 시몬느 베이유의 생각과 만난다. 수도승들이 찾는 것은 어떤 특별한 주관적 상태가 아니라 객관적 만남이며, 그 효과는 실제로 마음의 온기, 즐거움, 충만의 감정 등으로 나타난다. 하지만 이러한 효과는 본질적으로 주관적 감정과는 다른 것이다. 왜냐하면 그것은 사실상 영혼의 어떤 상태가 아니라 하느님의 실제적인 현존을 드러내 주는 것이기 때문이다.

여기서 우리는 헤지카즘이 단지 하나의 영성일 뿐만 아니

---

44 위의 책, p. 255-256.

라 그 영성과 분리될 수 없는 하나의 교리로 나타나는 구체적인 지점에 다다랐다. 그러므로 우리는 이제 헤지카즘의 신학자, 성 그레고리오스 팔라마스에게로 넘어가야만 한다.

그레고리오스 팔라마스, 헤지카즘의 신학자

젊은 시절

그레고리오스 팔라마스는 1296년 한 귀족 가문의 부모에게서 태어났다. 그의 부모는 본래 소아시아 출신이었지만 투르크족의 침략 때문에 콘스탄티노플로 이주해야만 했다. 그리하여 젊은 시절 팔라마스는 안드로니코스 2세 팔레올로고스 황제의 궁정에서 자랐다. 안드로니코스는 많은 문필가와 학자를 친구로 두었을 만큼 지적이었지만 정치적으로는 별 볼 일 없었다. 하지만 그는 후기 비잔틴 황제 중 가장 신심 깊은 사람이었다. 엄격한 총대주교 아타나시오스 1세의 아주 겸손하고 순종적인 친구였던 그는, 다른 누구보다도, 비잔틴

제국이 정치 원리로 삼고 있었던 신정주의의 이상(la théocratie idéale)을 콘스탄티노플에서 구현하였다.

  이 이상은 성 소피아 성당 배랑(narthex) '임금의 문' 위쪽에 그려진 9세기 모자이크에 아주 상징적으로 표현되었다. 이 모자이크에서, 지상의 왕이자 그리스도교 신자인 황제는 육화하신 지혜이자 천상의 왕이신 전능자–그리스도(le Christ-Pantocrator) 앞에 무릎을 꿇고 있다. 1300년경의 비잔틴 궁정 분위기를 잘 보여주고 있는 팔라마스의 전기는, 헤지카스트 영성의 박사 팔라마스가 원로원 의회에 참석했을 때, '지성적 기도'에

판토크라토 그리스도 앞에 엎드린 황제(레오 6세) ▲
9세기(모자이크), 성 소피아 대성당, 이스탄불

너무 깊이 빠져 있어서 국사에 관한 황제의 질문을 받고도 이를 듣지 못할 정도였다고 전해 준다. 기도에 몰두하고 있던 이 교부에 대한 존경심으로 안드로니코스는 결국 그의 의견을 듣기를 포기했다는 것이다.

그레고리오스는 대략 20세가 될 때까지 삼학(三學)과 사과(四科)[45]를 포함한 세속 학문을 익혔고, 아리스토텔레스에 대해서도 상당한 수준의 학문을 연마했다. 하지만 플라톤 사상은 배우지 않았는데, 그 이유는 당시 비잔틴 보수주의 학계에서 플라톤의 형이상학은 그리스도교와는 양립할 수 없는 것으로 간주되었고, 그로 인해 세속 학문의 일반적 교육 과정에서 제외되었기 때문이다. 여러 번에 걸쳐 팔라마스는, 아리스토텔레스 논리학을 일컬어 그리스도인이 적합하고 합법적으로 사용할 수 있는 하나의 사유 방식이자 순수한 사유 훈련이라고 말한다. 하지만 플라톤의 형이상학 교설은 하나의 지성적 선택이자 지성적 결단을 함축한다고 그는 말한다. 팔라마스는 이런 이유로 이러한 선택을 거부한 것을 자랑스러워했다.

1316년경, 그레고리오스는 돌연 수도사로의 부르심을 따르기로 결심한다. 그는 콘스탄티노플의 유명한 수도승들과

---

45 역자 주) 삼학(三學, trivium)은 고대 중세시대에 서양의 대학교에서 가르쳤던 자유과(liberal arts)의 큰 두 갈래 중 하나이다. 삼학은 사과의 기초로서 수학했던 학문이며, 문법(grammar), 논리학(logic), 수사학(rhetoric)으로 구성된다.
사과(四科, quadruvium)는 고대 중세시대에 서양의 대학교에서 가르쳤던 자유과의 큰 두 갈래 중 하나이다. 사과는 삼학을 배운 이후 수학하였고, 산술학(arithmetic), 기하학(geometry), 음악(music), 천문학(astronomy)으로 구성되어 있었다.

아토스 성산의 수도원 지도 ▲

접촉하면서 점점 뚜렷하게 자신의 이 소명을 자각했다. 필라델피아의 테올렙토스는 특별히 그에게 '순수기도'를 가르쳐 주었다. 황제가 전도유망한 미래를 약속했음에도 불구하고, 그는 자신이 해결하지 않으면 안 되었던 가족 내부의 여러 문제를 중세적이고 비잔틴적인 방법으로 해결한 후에 속세를 떠나기로 결심한다. 사망하기 직전 수도승이 된 그의 부친이 결국 사망하자, 그는 어린 나이에 고아나 다름없는 신세가 되었고, 집안의 맏이로서 모친과 두 자매와 두 형제, 그리고 꽤

많은 수의 하인을 책임져야 했다. 그는 그들 모두에게 수도원에 들어갈 것을 제안했다. 그리하여 모친과 두 자매와 대부분의 하인들은 수도 콘스탄티노플의 여러 수도원에 흩어져 들어갔다. 그리고 남은 삼형제는 모두 걸어서 아토스 성산(聖山)으로 떠났다.

20년 동안 이곳에서 그레고리오스는 수도승의 삶을 살았다. 14세기 아토스 성산에서의 수도승 생활은 오늘날 이곳에서 볼 수 있는 생활과 별반 다르지 않았다.

아토스의 대(大)수도원들은 동방의 아주 오래된 수도원에 속하지는 않는다. 메기스티 라브라(Μεγίστη Λαύρα) 수도원은 10세기 성 아타나시오스에 의해 창설되었다. 그 뒤로 몇 세기 동안 다른 대(大) 수도원이 줄줄이 창설되었고, 이 수도원들은 수도원장 협의회를 주재하는 한 명의 '프로토스(protos)'의 권위 아래 일종의 협의회 형태로 묶여졌다. 이와 유사한 협의회들이 올림피아 산(Mont-Olympe)과 성 아프센티오스 산(Mont-Saint-Auxence)에도 존재했었지만, 투르크족이 소아시아를 침공하면서부터는, 오직 아토스 성산만이 여러 민족 출신을 두루 포함한 비교할 수 없는 수도 운동의 중심지가 되었다. 세르비아, 불가리아, 그루지야 혹은 이베리아, 러시아 등이 자기 나라의 수도승들을 이곳에 보내어 그리스 대 수도원에 들여보내거나 독자적인 수도원[46]을 창설했다. 마침내 13세기에는 대부분 이탈리아의 아말피(Amalfi) 출신 수도사들로 이루어진 라틴 수도원 하나가 창설되어 아토스에 존재하게 되었다. 아토스 성산의 유적들은 오늘날까지도 동방과 서방이 금욕과 기도 안에서 이루어냈던 옛적의 일치를 증거하고 있다.

14세기 아토스 성산은 정교회 수도 운동 전체의 중심이었다. 그곳은 또한 지적(知的) 중심이었는데, 무궁무진한 지적 보고인 아토스의 도서관들이 오늘날까지도 이를 증언해 준다. 미래의 이 헤지카스트 박사가 이곳에서 보낸 세월은 그에게 영적인 학교였을 뿐만 아니라, 교부 저작에 대한 방대한 지식과 수도 생활의 다양한 문제에 대한 심도 있는 경험을 얻는 기회였다. 아토스 성산의 긴 역사에서 공동체 혹은 회수도원 전통은 줄곧 은수도 운동 혹은 헤지카즘과 갈등 관계에 있었다. 동방에서 이 두 전통은 언제나 공존해 왔으며 둘 다 그리스도교 수도 운동이 처음 일어났던 최초의 이집트 수도승들에게로 소급된다.

10세기 성 아타나시오스에 의해 아토스에 도입된 '회수도원 전통'은 성 베네딕투스가 서방에서 크게 유행시킨 수도 생활 형태와 유사하다. 순결, 순종, 청빈 서약은 강력하게 조직된 공동체 안에서 이루어지고, 엄격한 공동체 규칙은 수도 생

---

46 역자 주) 차례대로 힐란다리 대수도원(세르비아), 조그라포스 대수도원(불가리아), 이비론 대수도원(그루지야), 판델레이몬 대수도원(러시아).

활의 아주 세밀한 부분까지 구체적으로 규정한다. 전례기도, 수도원장에 대한 순종, 개인적 소유의 절대적 금지는 이 규칙의 본질적인 요소다. 반대로 이집트에서 성 안토니오스 이래로 동방의 수많은 금욕 수도승에 의해 실천된 은수도 전통은 '완전'을 향한 길을 감에 있어서 수도승에게 전적인 자유를 허용한다. 게다가 은수도승 혹은 헤지카스트들은 '수도승'이라는 말의 어원적이고도 원초적인 의미로 볼 때[47], 자신들이야

---

47 수도승을 뜻하는 그리스어 'μοναχός'(모나코스)는 '홀로'라는 의미를 가진 'μόνος'(모노스)라는 단어에서 유래된다.

아토스 성산 ▲

▲ 아토스 성산의 수도승

말로 진정한 '수도승'이라고 자처했다. 비록 순결은 분명 그들에게도 영성의 본질적인 요소로 남아 있었지만 그들은 순종과 청빈 서약에 대해서는 회수도승들과 다르게 이해했다.

절대적인 영적 스승은 수도원장이 아니라 그들 자신이 자유롭게 선택한 경험 많은 수도승이며, 물질적 소유도 공동체에 헌납하는 것이 아니라 - 공동체는 종종 지나치게 부유했고 그래서 수도승에게 편한 삶, 때로는 지나치게 안락한 삶을 보장해 줄 수도 있었기에 - 그야말로 철저하게 포기하지 않으면 안 되었다. 이렇게 청빈은 보다 개인적이고 구체적인 면

그레고리오스 팔라마스, 헤지카즘의 신학자

모를 띠게 된다. 이 두 가지 길이 각각 모두 장점을 가지고 있다는 점은 분명하지만, 또한 둘 다 단점과 위험 요소도 가지고 있다. 한편으로는 참된 영성과는 무관한 순전히 외적인 원리들이, 종종 명백한 사회적 불의와 짝을 이루는 어떤 물질적 편리함과 결합되는가 하면[48], 다른 한편으로는 영적인 무정부주의, 개인주의, 수도 삼덕(순결, 순종, 청빈) 서약에 대한 과도한 영적 해석에 이르곤 했다.

특별히 11세기부터 비잔틴 수도 운동은 이 두 가지 길을 폭넓게 결합시키려고 했다. 가장 거대한 회수도원들에서 헤지

---

48 예를 들어, 막대한 토지 소유자였던 회수도원들은 대부분 노예 노동에 의지해 있었다.

아토스 성산의 수도승 ▲

카스트 영성은 낯선 것이 아니었다. 공동체적인 원리 안에서도 영적 자녀들의 고백자이자 영적 스승이었던 '게론다스(γέροντας)'가 수도원장의 행정 처리 권한과 나란히 자신들의 권위를 행사했다. 신신학자 시메온의 삶은 이에 대한 많은 예를 우리에게 제공해 준다. 그와 반대로 헤지카스트들은 종종 반(半)공동체적인 삶을 영위하기도 했다. 한 스승을 중심으로 몇몇의 수도승이 함께 금욕과 기도에 정진하다가 토요일과 주일이 되면 전례와 성사에 참여하기 위해 그들이 소속된 수도원을 방문하곤 했던 것이다.

팔라마스가 아토스에서 영위했던 수도 생활은 후자의 길이었다. 사실상 14세기의 헤지카스트 전통은, 특별히 요한 모스코스(Ιωάννης Μόσχος, 550 – 619)[49]의 권위에 의지하여, 이 길을 보다 월등한 길로 간주했다. 반면 팔라마스는 전례 생활을 무시하기도 했던 극단적 헤지카즘은 비판했는데, 때로는 대수도원조차 이러한 극단적 헤지카즘에 경도되기도 했다.

3년 동안 팔라마스의 세 형제는 아토스 성산의 바토페디 대(大)수도원 근방에서 니코데모스(Nicodème)라는 한 헤지카스트의 영적 지도를 받으며 수도 생활을 했다. 그는 13, 14세기 수도 운동의 또 다른 중심지였던 성 아프센티오스 산에서 아토

---

49   *Λειμών πνευματικός,* (『영적인 초지』), PG 87, III, 2851-3112 ; Jean Moschos, *Pré spirituel*, Introduction, notes et glossaire par Vincent Déroche, traduction par Christian Bouchet, index par Marie-Hélène Congourdeau et Vincent Déroche, « Les Pères dans la foi », Migne, 2006. 특별히 4장과 5장을 참고하라.

바토페디 대수도원 ▲

스 성산으로 건너온 수도승이었다. 하지만 둘째 형제인 테오도시오스(Théodose)가 젊은 나이에 사망하고 곧이어 스승인 니코데모스까지 세상을 뜨자, 그레고리오스와 또 다른 형제인 마카리오스(Macaire)는 성 아타나시오스가 세운 메기스티 라브라 수도원에 정착하기 위해서 아토스 반도 더욱 깊은 곳으로 들어갔다. 메기스티 라브라 수도원은 아토스 성산의 대(大)수도원 중에서도 가장 오래되었고 가장 큰 권위를 누리고 있었다. 이렇게 해서 메기스티 라브라 수도원은 팔라마스의 수도 생활의 본가가 되었다.

미래의 헤지카스트 박사는 이 수도 공동체에 입회했고 수도원장에 의해 성가대장에 임명되었다. 3년이 지나자 그는

글로시아(Glossia) 은수처로 물러나 그레고리오스라는 이름을 가진 훌륭한 수도승의 영적 지도하에 들어갔다. 하지만 투르크 해적들의 끊임없는 침탈로 인해 은수처는 더 이상 존속할 수 없게 되었다. 실제로 해적들은 성벽의 보호를 받을 수 없었던 소규모 수도 공동체들을 끊임없이 약탈했다. 오늘날 아토스의 대수도원들이 마치 거대한 요새를 방불케 하는 형태를 보여주는 것도 다 이 때문이다.

팔라마스는 같이 수도하던 다른 수도승들과 함께 성지인 예루살렘과 시나이를 순례하기로 결심했다. 이곳은 당시 이슬람 세력에 의해 정복되었지만 이와 같은 순례 여행은 아주 빈번했다. 성지 순례는 특별히 수도승들의 염원이었다. 팔라

▲ 메기스티 라브라 수도원

마스와 그 일행은, 이슬람교도들이 그리스도인에게 상대적으로 꽤나 호의적인 삶의 조건을 보장해 주고 있다는 것을 알고 있었으며, 이슬람교의 몇몇 영성 전통에는 상당히 개방적이기까지 했다. 특별히 정신 – 신체적(Psycho-physique) 기도 방법은 우리가 이미 살펴보았듯이 이 영적 상호 침투를 증언해 주는 대표적인 예였고, 대중적 영향력을 가지고 있던 수도 운동은 이러한 상호 침투의 주된 주체였다.

하지만 팔라마스는 이 여행 계획을 실현할 수 없었다. 그는 테살로니키에서 잠시 머물렀고 그곳에서 시나이 출신 수도승 그레고리오스의 제자이자 장차 콘스탄티노플 총대주교가 될 이시도로스(Isidore)에 의해 지도되고 있던 한 영적 공동체의 일원이 되었다. 이 영적 서클의 활동은 매우 다양했고 아주 다양한 계층을 포괄하고 있었다. 신신학자 시메온이나 필라델피아의 테올렙토스처럼, 이시도로스와 그레고리오스 팔라마스도 헤지카스트 영성을 수도승의 배타적인 전유물로 생각하지 않았다. 그들은 예수 기도 수행을 수도원 경계 밖으로까지 확산시키려 했다. 그들은 이 기도야말로 세례 은총을 실제적이고도 효과적인 것으로 만들 수 있는 가장 탁월한 방법이라고 생각했다.

나이 서른이 되던 1326년경 그레고리오스 팔라마스는 테살로니키에서 사제품을 받았다. 그는 베레(Berrhée) 근방에 은수처를 세웠다. 이 은수처의 지도자였던 그레고리오스 팔라

마스는 이곳에서 5년 동안 아주 혹독한 금욕 수도 생활을 실천했다. 1주일 중 5일 동안 그는 완전한 격리 상태에 머물렀다. 토요일과 주일에는 형제들에게 가서 성만찬 예배를 드리고 함께 대화를 나누었다. 베레에서의 생활은 모친의 사망을 계기로 콘스탄티노플을 잠시 여행하면서 중단되었다. 그는 수녀가 된 두 자매를 콘스탄티노플에서 데려와 베레의 수도원들에 정착하게 했다.

▲ 메기스티 라브라 수도원
성 사바스 은수처에서 바라본 모습

세르비아의 침략으로 베레 지역이 끊임없이 황폐화되자 결국 그는 1331년 다시 아토스 성산으로 되돌아갔다. 그는 거주 지역으로 메기스티 라브라 수도원 가까이에 있는 성 사바스(st. Sabbas) 은수처를 선택했다. 오늘날까지도 이 은수처의 위치가 알려져 오는데, 후에는 이곳에 소성당이 하나 세워지기도 했다. 성 사바스 은수처는 메기스티 라브라 수도원 위쪽 아토스 산의 가파른 절벽 위로 돌출되어 있다. 이곳에 이르기 위

성 사바스 은수처 ▲
메기스티 라브라 수도원, 아토스 성산

해서는 산길을 따라 한 시간 정도 숨 가쁘게 걸어 올라가야 한다. 팔라마스는 베레에서 채택했던 수도 방식을 이곳에서도 지속시켜 나갔다. 주간의 평일에는 완전 고립된 생활을 하다가 축일 전례를 위해서만 수도원에 내려갔다. 이제 14세기의 헤지카즘이 발전시킨, 개인적 영성과 공동체적 기도 사이의 이 놀라운 균형에 주목해 보자. 이 균형 잡힌 수도 방식은 팔라마스의 신학 사상에도 폭넓게 영향을 끼쳤다.

성 사바스 은수처에서의 수도 생활은 1335~36년 사이에 잠시 중단되었다. 아토스 성산의 수도원장 협의회는 이때 팔라마스를, 아토스 반도의 북쪽에 위치해 있고 200여 명에 이르는 수도승들을 두고 있던 에스피그메누(Esphigménou) 대수도원의 원장으로 임명했다. 젊은 수도원장의 개혁적 열정은 곧 수도승들과의 갈등을 야기했다. 팔라마스는 다시 성 사바스 은수처로 돌아왔다. 하지만 또 다른 문제가 이곳에서 그를 기다리고 있었다.

발람, 그리고 아킨디노스와의 논쟁

우리는 동방 그리스도교의 운명을 결정짓게 할 이 유명한 논쟁의 역사적 배경에 대해서는 지나치게 많은 지면을 할애하지 않고, 다만 중요한 것만 짚고 넘어가려 한다.

이탈리아 칼라브리아(Calabre) 출신의 그리스인 발람(Barlaam)

πίναξ τῆς βίβλου τοῦ ἁγίου διονυσίου τοῦ ἀρεοπαγίτου·

περὶ οὐρανίου ἱεραρχίας.	κεφάλαια	ιε΄
περὶ θείων ὀνομάτων	κεφάλαια	ιγ΄
περὶ ἐκκλησιαστικῆς ἱεραρχίας:	κεφάλαια	ζ΄
περὶ μυστικῆς θεολογίας:	κεφάλαια	ε΄

ἐπιστολαὶ δέκα·

πρὸς γάϊον	α΄	πρὸς δωρόθεον	δ΄
πρὸς σώπατρον:	α΄	πρὸς πολύκαρπον	α΄
πρὸς δημόφιλον	α΄	πρὸς τίτον:	α΄
πρὸς τὸν θεολόγον ἰωάννην καὶ ἐν ἄλλῃ πρὸς τὸν αὐτὸν			α΄

ἐπισκεπτέον ὅτι καὶ ἑτέρων τοῦ πρὸς τοῦ τὸ μηδεμίαν
ὑφεῖται ἐν τῆδε τῇ βίβλῳ. οὕτως· ἐν τῷ περὶ θείων
ὀνομάτων μὲν ἐφ᾽ αἱωδάπερ·
τοῦτο μέρος ὧν καὶ ἐν ἄλλοις οἷς [...] ἐκ μέρους ὑποδέξεται
τὸ πᾶσαν δεῖ τὰς θεοπρεπεῖς [...] μίαν, οὐ μερικῶς
ἀλλ᾽ ἐπὶ τῆς ὅλης καὶ πάσης [...] ὅλου κἀθ᾽ οὗ καὶ τὸ περὶ
θεότητος ἀπὸ τοῦ ἁγίου μερίζεται. καὶ μετὰ τὰ
τούτων μεμερισμένῳ τούτοις καὶ μερικῶς φύλου
δεῖν δρώς ἐκ τῶν ῥητῶν τῆς δὲ ἐπιγραφῆς·
καὶ μεθ᾽ ἕτερα ἐν τῷ περὶ ἀγαθοῦ κεφαλαίῳ
καὶ ὅσα ἄλλα ἐν τῷ προοιμίῳ ἐν τῷ περὶ ὕμνων καὶ [...]
ὅτι τῶν καὶ τάξεων   καὶ πάλιν
καὶ ὅσα ἄλλα πρὸς ἡμῶν ἐν τῷ περὶ ὕμνων καὶ διαιρέσεων τ[...]
καὶ ἐπὶ τέλει πάλιν τοῦ αὐτοῦ τε τοῦ κεφαλαίου
διὰ τοῦτο μερικῶς μὲν ἐν τοῖς περὶ ἐκκλησιαστικῆς κεκίνηκε
τηρίου κατὰ δωδεκάτῳ [...] κεφάλαιον

은 1330년경 콘스탄티노플에 왔고 이곳에서 아주 빠르게 학자와 철학자로 명성을 얻는다. 그의 천문학, 논리학 저술은 비잔틴에서 널리 읽혔고, 안드로니코스 3세 황제의 대신(大臣)이었던 요한 칸타쿠제노스(Jean Cantacuzène)는 그를 황실 대학의 학장에 임명한다. 이곳에서 발람은, 성 바울로에 의해 개종된 아테네 사람 아레오파고의 디오니시오스(Denys l'Aréopagite)의 이름을 빌려 자신의 정체를 숨겼던 5세기 신비가의 저작들을 제자들에게 강해한다. 위(僞) 디오니시오스의 저작은 동방에서도 널리 읽혔지만 827년 비잔틴 황제 미카엘(Michel le Bègue)이 경건한 루이(Louis le Pieux) 왕에게 그 사본 한 부를 보낸 이래로 서방에도 알려지게 되었다. 이 귀중한 사본은 오늘날까지도 파리국립도서관에 보존되어 온다. 이 저작은 중세 라틴 철학자들에 의해 가장 많이 읽혀진 그리스어 저술이기도 하다.

1333~34년경 칼라브리아 출신의 이 철학자는 로마 교황이 교회 일치를 준비하기 위해 동방에 보낸 두 명의 도미니쿠스 수도회 신학자 앞에서 그리스 교회의 입장을 대변하게 된다. 마지막으로 1339년 그리스 교회는 아비뇽의 베네딕투스 12세(Benoît XII) 교황에게 비밀 사절단을 보내게 되는데 이 사절단의 임무 또한 그에게 맡겨졌다. 그가 정교 신앙과 비잔틴 제국의 이익을 위해 충성을 다할 것이라는 확실한 신뢰를 보여주지 못했더라면, 외국 출신이었던 그가 이토록 비잔틴 정부와 교회의 신임을 얻지는 못했을 것이다. 실제로 발람은 항상 확

◀ 위(僞) 디오니시오스의 저작
13세기 (사본)

신을 가지고 정교 신앙을 고백하고 가르쳤다. 그가 고향 이탈리아를 떠난 것도 '참된 신앙에 대한 사랑' 때문이었다. 사실상 이탈리아의 그리스인들은 원했든 원하지 않았든 로마와의 일치 속에 있었다. 그는 그리스로의 이주를 통해서 교부들의 신앙 전통으로 되돌아왔다고 생각했다.

하지만 오래지 않아 그가 신학자로 처신하기 시작하면서 여러 어려움이 그에게 불어닥쳤다. 그는 르네상스의 기운이 서서히 끓어오르던 이탈리아에서 자랐고 교육받았다. 그가 교분을 맺었던 이탈리아의 인문주의자들은 중세가 확립해 놓은 지적 체계로부터 자유로워지길 원했다. 그리고 신학적 차원에서 이 중세적 지적 체계의 상징적 화신은 바로 토마스 아퀴나스 학풍(Ecole thomiste)이었다. 14세기 서방에서 오캄의 윌리엄(Guillaume d'Ockham)이 대대적인 성공을 거둔 것은 바로 인간 지성을 중세의 '권위들'로부터 해방시키려는 이 열망에 뿌리를 두고 있었고, 중세로부터의 해방은 결국 종교 개혁으로 이어질 수밖에 없었다. 발람이 오캄의 유명론 철학(philosophie nominaliste)을 직접 알고 있었는지 우리는 알지 못한다. 어쨌든 토마스 아퀴나스의 신학과 동일시된 당시 라틴 신학에 대해 전개된 그의 신학적 논박을 담은 첫 저술에서부터 그는 다름 아닌 유명론 철학의 이름으로 라틴 신학자들의 주장들, 이를테면 하느님을 '알 수 있다'는 주장, 또는 성령이 '또한 성자로부터(Filioque)' 발출한다는 것을 '증명해 보일 수 있다'는 등의 서방의 신학 테제를 거부했다. '하느님은 결코 알 수 없는 분'이라고 끊임없이 주장해 온 동방 그리스도교의 '부정 신학(apophatisme)'은 그를 더욱 매혹시켰다.

실제로 발람이 위(僞) 디오니시오스 저작들을 강해하는 데 그토록 열을 올린 것도 결코 우연이 아니었다. 동방이 낳은 부정 신학의 위대한 박사 디오니시오스의 권위는 서방에서도 마찬가지였다. 발람은 디오니시오스 신학에서 교회 일치의 형이상학적 토대를 발견했다. 말하자면 '하느님은 알 수 없는 분이다'라는 것을 서로 인정한다면, 도대체 무엇 때문에 아직도 성령의 발출에 대해 논쟁을 벌여야 한단 말인가? 이런 논리였다. 그리스의 신학자들은 성령은 오직 성부로부터 발출한다고 주장해 왔다. 반면 7세기부터 라틴 신학자들은 니케아-콘스탄티노플 신조에 '필리오케'를 첨가한 것을 적극적으로 정당화하면서 성령이 '또한 성자로부터' 발출한다는 주장을 굽히지 않았다. 하지만 발람의 판단에는 어느 쪽이든 다 추정에 불과하다는 것이었는데, 특히 라틴 신학자들의 주장이 더욱 그랬다.

> 토마스를 비롯하여 그와 동일한 추론을 전개하는 사람들은, 지성이 도달할 수 없는 것이라면, 그것이 어떤 것이든 존재하지 않는다고 생각한다. 하지만 우리는 이러한 견해가 사악하고 교만한 악마에 가까운 영혼으로부터 비롯된다고 믿는다. 왜냐하면 하느님에 대한 것은 대부분 인간의 지

식을 벗어나 있기 때문이다.[50]

우선 라틴 신학자들을 비판하기 위해 들고 나온 발람의 이 유명론적 불가지론은, 곧 아토스 산의 성 사바스 수도원의 은수도승이었던 팔라마스의 비판에 부닥친다. 아토스 산에 은둔해 수도 생활을 하고 있던 팔라마스는, 콘스탄티노플과 테살로니키로, 한편으로는 그의 옛 제자 중의 한 사람인 아킨디노스(Akindynos)에게, 또 한편으로는 칼라브리아 출신의 철학자인 발람에게 거듭 편지를 보낸다. '하느님은 물론 알 수 없지만 그분은 자신을 계시하지 않는가? 육화하신 그리스도는 사람들에게 지성적 지식과는 구별되는, 탁월하게 실제적이고 모든 철학적 지식보다도 참된 초자연적인 지식을 사람들에게 가져다주지 않는가?'라는 내용이었다. 서방에서 스콜라적인 토마스 신학의 지성적 실재론(réalisme intellectuel)을 거부했던 발람은 이렇게 동방에서 수도승들의 신비적 실재론(réalisme mystique)과 충돌하게 되었다.

호기심 많은 이 칼라브리아 출신 철학자는 이 새로운 적들에 대해 더욱 자세히 알고 싶었다. 테살로니키와 콘스탄티노플에서 그는 얼마 동안 헤지카스트 수도승들과 함께 생활했다. 이곳에서 그는 당시 매우 유행했던 헤지카스트의 정신-신체적 기도 방법을 알게 되었고, 이것이 그의 인문주의

---

50 Texte dans le manuscrit *Paris. gr.* 1278, fol. 137 ; trad. J. Menyendorff, dans *L'Eglise et les Eglises*, II, Chevetogne, 1955, p. 53.

적 관습, 플라톤주의적 정신주의가 깊이 스며든 그의 철학적 신념과 심각하게 충돌한다는 사실을 발견한다.

> 나는 그들을 통해 온갖 기괴한 관습, 정신 혹은 이성만으로는 합당하게 기도할 수 없다는 어리석기 짝이 없는 교리들, 빗나간 신앙심과 헛된 상상력의 산물로 안내되었다. 그들은 내게 정신과 영혼의 경탄스러운 분리와 재결합에 대하여, 또 악마들이 이 영혼과 맺는 거래에 대하여, 붉은빛과 하얀빛의 차이에 대하여, 호흡과 동시에 콧구멍을 통해서 이루어지는 지성의 출입에 대하여, 배꼽으로 모아지는 보호 장치에 대하여, 마지막으로 마음으로 확연하게 느껴지는 배꼽 안에서의 주님과 영혼의 연합에 대하여 장광설을 늘어놓았다.[51]

이 본문에서 어디까지가 헤지카스트 니케포로스의 『마음의 간수에 대하여』혹은, 위(僞) 시메온의 『거룩한 집중의 방법』과 같은 저술에 대한 직접적인 반향이며, 또 어디까지가 헤지카스트의 기도 수칙에 대한 대중들의 비꼼 혹은 발람 자신의 냉소적인 해석인지를 식별해 내는 것은 어렵다. 어쨌든 칼라브리아 출신 철학자는 이 새로운 발견을 아주 진지하게 탐구했고, 마침내 이 헤지카스트 수도승들을 메살리안 이단 혹은 당시 발칸 지역에 횡행하던 보고밀(Bogomile) 이단과 동일

---

51 *Lettre V à Ignace*, éd. G. Schiro, dans *Barlaam Calabro, Epistole Greche*, Palerme, 1954, pp. 323-324.

시하기에 이르렀다. 그는 이들에 대해 일련의 논쟁적 저술을 발표한다. 이 일련의 저술에서 그는, 팔라마스에 의해서 즉각적으로 반박된 헤지카스트의 영적 실천에 대한 그의 해석은 일단 뒷전에 제쳐놓고, 대신 하느님 인식에 대한 자신의 주장과 또 기도와 신비에 대한 자신의 이해를 개진해 나간다. 여기서 그는 특별히 위(僞) 디오니시오스의 부정 신학과 에바그리오스의 정신주의적 신비와 같이 동방 사상을 매우 잘 알고 있는 것처럼 과시하면서, 그로부터 자신의 지성주의와 유명론을 지지해 줄 수 있는 것이라면 무엇이든지 끌어댄다. 마침내 그는 처음부터 줄곧 헤지카스트 수도승들에게 퍼부어 댔던 비판과 혐의를 종합하여 메살리아니즘이라는 딱지를 붙이기에 이른다. 사실 메살리안 이단은 육안으로 하느님의 본질을 볼 수 있다고 주장한다! 발람의 다음과 같은 구절을 읽을 때면 우리는 마치 에바그리오스가 말하는 것을 듣고 있는 것 같다.

> 기도에 임하는 사람은 모든 감각을 잠재워야 하고 영혼의 정념 영역을 완전히 죽여야 한다. 그렇게 해서 영혼의 모든 능력과 또한 영혼과 육체에 공통된 모든 활동을 잠재워야 한다. 왜냐하면 이 활동들 모두가 기도에 장애가 되기 때문이다. 그것은 기도가 어떤 육체적 노력을 동반하거나 또는 육체적 희열이나 고통을 가져다 줄 때 특별히 그렇다. 이것은 특별히 감각 중에서도 가장 저열하고 부조리한 촉감과

관련해서 더욱 그렇다.[52]

수도승들은 하느님 자신을 볼 수 있다고 주장한다. 하지만 발람에게는 하느님을 직접적으로 보는 것은 불가능하다! 발람은 이렇게 말한다.

> 만약 그들이 말하는 지적이고(intelligible) 비물질적인(immatérielle) 빛이 초본질적인 하느님 그 자신이라고 말하는 동시에, 하느님은 감각을 통해 절대 볼 수 없고 도달할 수 없는 분이라고 계속해서 주장하려면, 그들은 다음과 같은 양자택일 앞에 설 수밖에 없다. 이 빛을 볼 수 있다고 주장한다면 그들은 그 빛을 천사로 간주하거나, 혹은 정념과 무지로부터 정화된 정신이 자기 자신을 보고, 그 자신의 형상 안에서 하느님을 본다고 할 때의 바로 그 지성의 본질 자체로 간주해야만 한다. 그들이 말하는 빛이 이 두 실재 중 어느 하나와 동일시된다면, 그들의 생각은 전적으로 올바르고 그리스도교 전통과 일치한다고 인정할 수 있다. 하지만 이 빛이 초본질적 본질도, 천사와 같은 본질도, 정신 그 자체도 아니라고 말하면서, 마치 정신이 이 빛을 또 하나의 실체(위포스타시스, 위격)로서 관상한다고 말한다면, 나는 정말 이 빛이 무엇인지 모르겠다. 하지만 그것이 존재하지 않는다는 것만은 안다.[53]

---

52 팔라마스가 그의 저작에서 인용한 발람의 글 : St. Grégoire Palamas, *Triades, pour la défense des saints hésychastes*, II, 2, § 4, éd. Meyendorff, dans le *Spicilegium Sacrum Lovaniense*, Louvain, 1959, p. 324.

53 팔라마스의 인용글 : 위의 책, II, 3, § 7, pp. 400-402.

칼라브리아 철학자의 이 저작들을 계기로 해서 그레고리오스 팔라마스는 아토스의 성 사바스 은둔 수도처에서, 또 테살로니키에서 그의 유명한 저작 『거룩한 헤지카스트들을 변호하기 위한 세 편의 글』(Triades pour la défense des saints hésychastes)을 저술한다. 이 중요한 저작은 처음으로 동방 수도승들의 영성을 신학적으로 종합한 것이다. 발람의 공격은 정교회로 하여금 교회가 인정한 대변인(팔라마스)의 입을 통해서 헤지카즘이 죄, 육화, 구속, 성사의 은총과 같은 교회의 중심적 교리와 관련해서 어떤 위치를 차지하고 있는지 구체적으로 밝힐 기회를 주었다. 또한 교회는 그를 통해서 한편으로는 신플라톤주의 영성의 요소들처럼 이전의 전통 안에서 교회의 고유한 영성과는 분명하게 이질적이었던 요소를 제거하고, 다른 한편으로는 하느님과 인간에 대한 성경적이고 그리스도교적인 개념에 바탕을 둔 영적 실천과 교리를 통합함으로써 반드시 해야만 했던 교리적 신학적 정리 작업을 추진했다.

마지막으로 '육안으로 하느님의 본질을 볼 수 있다'고 주장한다며 발람이 수도승들에게 덧씌운 메살리아니즘이라는 혐의에 대한 응답으로, 14세기 비잔틴 공의회들은 하느님의 본질(essence divine)과 하느님의 에네르기아들(énergies divines)을 구별한 팔라마스의 신학을 최종적으로 승인했다.

그레고리오스 신학에 대한 교회의 승인은 몇 단계를 거쳤다. 이미 흔들리던 비잔틴 팔레올로고스 제국을 사분오열시킨 내부 정치권력 투쟁은 몇 년 동안이나 교회의 최종적인 교리적 결정을 미루게 했기 때문이다.

발람에 대항하여 발표된 최초의 공식적인 – 혹은 반(半)공식적인 – 문서는 팔라마스가 작성하고 1340~41년경 아토스 성산의 수도원장들과 수도승들이 카리에스의 프로타톤에서 가진 회의를 거쳐 서명 동의한 『아토스 성산의 선언』(*Tome Hagiorétique*)이다. 아토스의 수도원들은 모두가 발람의 유명론적 인문주의의 반대편에 서서 그레고리오스 팔라마스야말로 자신들의 진정한 대변자라고 선언했다. 『세 편의 글』(*Triades*)에서 그랬던 것처럼 『선언』(*Tome*)에서도 팔라마스는 그리스도교 신비를 하느님의 구원 계획 안에 위치시켰다. 하느님은 실제적으로 볼 수 있는 분이 되신다. 왜냐하면 다가올 하느님 나라가 교회 안에서 이미 선취되고 있듯이, 그리스도는 구약의 의인들에게 이미 자신을 계시하셨기 때문이다. 이 중요한 글의 시작을 보자.

> 오늘날 우리 모두의 유산이자 모두에게 알려지고 공개적으로 선포된 교리들은 모세의 율법 아래서는 단지 예언자들의 관상에 의해서만 미리 접근될 수 있었던 신비였다. 반면 성인들이 다가올 세상에 대해 선포했던 지복(至福)은 복음 아래 있는 세상의 신비를 구성한다. 왜냐하면 성령은 성인들로 하여금 이 지복을 볼 수 있게 했고, 또 그 결과 성인들

[Greek manuscript page — cursive minuscule hand, partially legible]

πρὸς τὸν συμπλήρουσα λόγον τῶν δυνάμεων
ὡς καὶ τὴν σοφίαν καὶ τὸ συμβεβηκὸς,
ὡς ἄρα ταύτη οὐκ ἐνοῦ ἀνοίας ἐνδόσιμον
ἀλλὰ διὰ τῶν δοξασμάτων, καὶ εἰς αὐτὸ
ἀφικνεῖσθαι τὸ ἄκρον, ᾗ δὲ ἐν αἰσθητοῖς τῆς ἑκάστης
ὕλης ἐν αὐτῇ ταύτῃ. εἰ μὴ οὖν ταύτῃ ἐξ αὐτῆς
λαβεῖν οὐκ ἄξιον· μᾶλλον δὲ οὕτως μάλα ἐξ ὧν ἂν
ὡς αἰδέσιμον. τὸ τί ἦν καὶ αὖ μᾶλλον, ἐντεῦθεν τῆς
θεῶ ἀπέστειλεν διὰ πολλὰ ὕτερον δὲ δοκεῖ τῷ
οὐ νοοῦσι δικαίως τοῦ τῶν ἀρετῇ ἐπὶ τὸ τὴν
μίαν, καὶ τὴν ἀρετὴν οὐρανόθεν ὄντα φιλόσο
φον ἐκ τῶν ἀληθῶν δεδομένων ποσαχῆ. ὁδῶν ἄλλων
ἡ αἰτίαν βοηθήματι τῇ δόξῃ, καὶ αὖ τὴν οὐ τοῦ
θεοῦ οὐσίαν φύσιν τε καὶ ἀκρατῆ εἶναι, ἀλλ' ἐν
δορυφορεῖ τῶν ψυχῶν ὄν τοδὲ εἰ τοῦ αὐτοῦ, ἀλλὰ
τοῦ οὐκ ἐνθένδε τῶν τοῦτο. εἰ μὴ διὰ τῶν αὐτῶν
πραγμάτων, ὅπη δὴ ταῦτα γενόμενα λόγον τῶν,
τί ἂν ἄρα ἐξ ἐπισκέψεως· μᾶλλον δὲ κρᾶσις ἐν τῇ μὲν
τί μὴ πολλὰ τὰ μὴ πάντως, πλὴν τῶν ἀξιῶν τε
ἐξῆς. ἁπλοῦν διὰ διατοδεῖ πρὸς αὐτὸν ἐκ
δυνηθεῖεν. ἐπεὶ καὶ ὁ τοῦ ὑπὸ λόγου ἐν ᾧ φασιν,
ὡς ἐπὶ πλέον μὴ τῆς φύσεως πραγμάτων

은 이 지복을 받아 누리며 그 지복의 맏물로서 미리 이 지복을 관상하기 때문이다.

그러므로 그리스도교의 성성(聖性, sainteté)은 본질적으로 예언자적 특징을 가진다. 구약의 예언자들이 그리스도의 첫 번째 오심을 알고 예고했듯이, 새 계약의 예언자들(그리스도교 성인들)은 주님의 영광스러운 재림을 알고 예고한다. 그들은 모든 그리스도인이 세례 받을 때 받는 담보로서의 지복을 이미 이 땅에서부터 충만하게 실현하고 말과 삶 그 자체로 구원의 신비를 드러낸다. 이 예언자적 사역은 발람이 그토록 공격해댔던 수도승들에게 특별히 맡겨진다.

> 그들 중 어떤 이들은 실제로 경험을 통해 배운다. 물질적 복락, 인간적 영광, 육체의 사악한 쾌락을 포기한 이들은 그리스도의 장성한 나이에 이른 사람들에 대한 순종을 통해서 이 포기를 더욱 공고히 한다. 자신 외에는 다른 어떤 관심도 갖지 않고 철저한 집중과 순수기도를 통해 신비적이고도 초지성적인 하느님과의 연합을 이루고 하느님께 도달함으로써, 그들은 지성을 초월하는 것을 배워 나간다. 다른 이들은 그런 이들에게 표하는 존경과 신뢰와 사랑을 통해서 배운다. 거룩한 막시모스는, 멜기세덱에 대해 말하면서, 하느님으로부터 오는, 신화시키는 이 은총은 창조되지 않은 것이고 영원한 것이며 영원하신 하느님에게서 온다고 선언한다. …

이것이 성경의 가르침이다. 이것이 교부들의 전통이다. 이것이 미천한 우리들의 경험이다. 지극히 존경스런 수도 사제인 우리 형제 그레고리오스 팔라마스가 거룩한 헤지카스트들을 변호하기 위해 이 글을 작성했음을 확인하면서 우리는 이 글들이 철두철미하게 성인들의 전통과 합치됨을 선언한다.[54]

아토스 수도승들의 이 엄숙한 선언은 이후 논쟁의 전개에 있어서 결정적 분수령이 되었다. 콘스탄티노플의 성 소피아 성당에서 1341년 6월과 8월에 연이어 소집된 두 번의 공의회는 칼라브리아 출신 철학자 발람을 정죄했다. 동방에서 고대 헬레니즘의 조국을 되찾고자 했던 희망은 실현되지 못했다. 그의 인문주의적 재능과 플라톤주의적 신념은 오히려 서방에서 폭넓은 청중을 얻었다. 결국 그는 이탈리아로 돌아가는 편을 택했다. 그곳에 가서 그는 게라스(Gerace)의 주교로 임명되었고 페트라르카(Pétrarque)에게 그리스어를 가르치며 노년을 보냈다. 발람에 대한 정죄를 통해서 비잔틴 교회는 르네상스 정신 그 자체를 정죄했다.

칼라브리아 출신 철학자 발람이 비잔틴에서 누린 짧은 영화는 그의 사상이 그나마 어느 정도라도 호의적인 청중을 어떤 계층에서건 만나지 못했다면 가능하지 못했을 것이다. 발람이 극단적 결론으로까지 밀고 나갔던 유명론은 꽤 많은 비

---

54 참고. *Αγιορείτικος τόμος υπέρ των ιερώς ησυχαζόντων*, PG 150, 1225-1230.

▲ 공의회가 열렸던 회의실
성 소피아 대성당, 이스탄불

잔틴 인문주의자들이 속으로 가지고 있었던 신념에 부합했다. 비록 비잔틴 사회의 아주 엄격한 관습의 틀과 싫든 좋든 가르칠 수밖에 없었던 '일곱 번의 세계 공의회' 교리에 대한 형식적인 충성으로 가려져 드러나지 않았지만, 이미 오래 전부터 동방 그리스도교의 지적 엘리트들은 내적 위기를 겪어왔다. 9세기 이래로 그리스도교 교리로부터 될 수 있는 한 최대한의 독립성을 부여함으로써 신플라톤주의 철학 전통을 회복시키고자 했던 세속적 헬레니즘의 주창자들과, 고대 철학과는 무관한 순수하게 그리스도교적인 것으로 남아 있고자 했던 영성과 신학의 방어자들 사이에는, 비록 외형상의 통일성에도 불구하고 그 이면에 늘 끊임없는 대립이 존재했다.

서방의 지식인이라면 과연 이 둘 사이에 그런 갈등의 소지가 있었을까 반문할지도 모른다. 신학과 철학에 각자 고유하고도 분리된 영역을 부여함으로써 이 두 경향이 공존할 수는 없었을까? 중세 서방 사람들에게는 허용될 수 있었던 이 분리가 동방에서는 받아들여질 수 없었다. 한편으로 비잔틴 인문주의자들을 매료시켰던 신플라톤주의는 본질적으로 종교적 신념 체계였고 그래서 신학적 영역에서도 일종의 경쟁력을 함축하고 있었다. 다른 한편 세속적 헬레니즘의 반대자들은 예수 그리스도 안에서의 삶에 대한 지극히 그리스도교적인 체험 외에는 지적 활동을 비롯한 그 어떠한 인간적 활동의 여지도 남겨 두지 않는 사유 체계를 그리스 교부들에게서 물려받았다. 그러므로 그들에게 철학은 독립적인 영역이 될 수 없었다. 그것은 결코, 비그리스도교적 원리의 틀 속에서 인간의 사고를 전개해 나가는 별도의 독립된 영역으로 간주될 수 없었다는 말이다. 실제로 우리는 헤지카스트 전통 안에서조차 인간에 대한 일원론적 개념이 점진적으로 승리해 가는 것을 보았다. 다시 말해 인간은 그 전 존재가 타락해서 사멸하게 되었고 그래서 그 전 존재, 즉 영혼과 육체 안에서 궁극적인 신화의 맏물들을 바로 지금 이곳에서부터 누리도록 부름 받았다는 것이다.

9세기에서 14세기까지 이 두 흐름의 충돌 앞에서 교회는 종종 공식적인 신학의 형식적 보수주의에 기반을 둔 현상유지적인 태도를 채택했다. 특별히 843년 성화파괴주의에 대한 정교의 승리가 교회에 가져다 준 평화 이후로, 대다수 주교의 지지를 받은 비잔틴 다수파 진영은, 전통은 일곱 번의 세계 공의회가 선언한 정통 교리 안에서 이미 최종적인 신앙의 준거를 얻게 되었고 따라서 교리적 차원에서 안전을 확보하는 것은 이 정통 교리들을 단순히 반복하는 것이면 족하다고 믿게

▲ 정교주일의 이단 정죄문 낭독
11세기(사본)

되었다. 비잔틴 성당의 화려한 모자이크에 표상된 교부들처럼 교부 전통은 고착되어 버린 듯 했다. 이 '반복 신학'에 안주하여 교회는, 인문주의자들이 헬레니즘과 복음 사이의 새로운 종합을 확립해서 이것으로 교부들의 가르침을 대체하려 할 때마다 이들을 정죄하는 것으로 만족했다.

11세기 플라톤주의적 사상으로 인해 정죄된 요한 이탈로스(Jean Italos)가 한 예다. 이때부터 매년 사순절 첫 번째 주일인 '정교 주일'(Dimanche de l'Orthodoxie)에 교회는, "플라톤의 이데아들이 실제로 존재한다고 생각하는" 사람들, "지적 훈련을 넘어서 철학자들의 경박한 의견을 채택하기까지 세속 학문에 몰두하는" 사람들에 대해서 정죄를 선언한다. 하지만 다른 한편으로 신신학자 시메온과 같은 성인도 교회의 지도자들과 껄끄러운 관계에 있곤 했는데, 그것은 그의 신비 영성이 당시 공인된 신학과는 다소 단절된 것이어서 의심을 샀기 때문이다.

비잔틴 종교 사상 세계 속에 잠재되어 있던 이 갈등과 위기를 배경으로 하여, 발람과 팔라마스의 논쟁이 전개되었다. 팔라마스는 처음으로 아주 근본적이고도 전면적인 방식으로 문제를 제기했다. 논쟁의 전개와 쟁점은 동방교회의 이후 역사를 결정지었다. 만약 교회가 유명론의 약진 앞에서 소극적으로 대응했다면, 중세 사회의 틀을 깨고 근대가 몰고 온 신사고의 폭풍은 서방 그리스도교가 경험한 것과 유사한 대(大) 위기, 말하자면 새로운 유명론 철학에 부합하는 르네상스라는 신종

▲ 교회의 교부들
11세기, 성 소피아 대성당, 키에프

이교와 종교개혁의 위기로 동방교회를 몰아넣었을 것이다.

하지만 팔라마스의 창조적 재능은, 발람이 이탈리아로 떠난 후에도, 인문주의자들과 '반복 신학'의 변호자들이었던 적지 않은 적대자들과 대결하지 않으면 안 되었다. 만약 정치적 환경이 달랐다면, 1341년 6-8월 팔라마스의 승리 후 또다시 이러한 대립이 노골화되지는 않았을 수도 있다. 비잔틴 역사의 극도로 복잡한 정치 상황 전개와 변화를 세밀하게 다루는 것은 이 책의 목적을 벗어나는 것이다. 그러므로 우리는 팔라마스 사상을 개괄적으로 살펴보기에 앞서 대략적인 역사적 맥락을 짚어 보는 것으로 만족하고자 한다.

불가리아 출신 수도승으로 과거 아토스 산에 있을 때 팔라마스의 제자였던 아킨디노스(Akindynos)는 이 두 논쟁 진영

과 관련하여 아주 모호한 태도를 취했다. 그는 문제를 전면화하길 거부함으로써 중재자의 역할을 자임했다. 사실 그는 어떤 상황에서도 과거의 교리 체계를 단순하게 반복하는 것으로 충분하다고 믿은 '형식적' 보수주의 진영에 속해 있었다. 1341년 교회는 그도 정죄했다. 그는 비록 두루뭉술한 것이었

알렉시오스 아포카프코스 ▲
14세기(사본)

지만 자기비판 문서에 서명했고, 때문에 교회는 그의 이름을 공의회 결정문에 언급하지 않기로 했다. 하지만 그는 두 정치적 적대 세력의 투쟁을 계기로 다시 무대에 등장하게 되었다.

6월 공의회를 주재했던 팔레올로고스 안드로니코스 3세 황제는 결정문에 서명도 하지 못하고 논쟁이 종결된 지 나흘 만에 사망했다. 그의 아들 요한 5세는 아직 어린 나이였기에 통치는 그의 아내 사부아의 안나(Anne de Savoie)의 섭정에 맡겨졌다. 황후는 그를 둘러싸고 있던 두 정치 세력 사이에서 균형을 유지하지 못했다. 한편에는 총대주교 요한 칼레카스(Jean Calécas)와 대공작 알렉시오스 아포카프코스(Alexis Apocaucos)의 진영이 있었고, 다른 한편에는 안드로니코스 3세의 오른팔로 제국의 명실상부한 지배자였던 대신(大臣) 요한 칸타쿠제노스(Jean Cantacuzène)의 진영이 있었다. 바로 이 요한 칸타쿠제노스가 8월 공의회를 주재했고, 이 공의회가 『주교회의 선언』(*Tome synodal*)을 통해서 비록 이름을 거론하지는 않았지만 아킨디노스의 태도를 정죄했던 것이다.

1341년 8월 총대주교와 대공작이 주도한 갑작스런 쿠데타로 칸타쿠제노스는 권좌에서 쫓겨났다. 그는 5년이 넘도록 내전을 벌이면서 안나의 권력에 저항했다. 이 내전을 통해 그는 결국 1347년 2월 황제의 자리에 오르게 된다. 한편 팔라마스는 제국의 정치적 균형을 깨뜨린 쿠데타를 주저 없이 정죄했다. 황후 안나에 대해서는 신의를 지켰지만 그녀가 총대

주교의 정략을 감싸고도는 것은 거부했다. 1343년 봄 총대주교는 순전히 정치적인 이유로 팔라마스를 체포하였다. 그리고 자신의 정략적 목표를 위해 팔라마스를 이단 심판대로 몰고 가려 했다. 총대주교 비서의 요청으로 아킨디노스는 팔라마스를 반박하는 문서들을 공표했고 감옥에 있던 팔라마스는 이 문서들에 대답하였다.

1351년 공의회를 주재한 칸타쿠제노스 ▲
14세기(사본)

1344년 권력의 절정을 누리던 총대주교 칼레카스는 팔라마스와 그 추종자들에 대해 출교를 선언했고, 아킨디노스는 사제로 서품되었다. 이러한 일련의 정책은 결국 그의 멸망을 재촉했다. 안나는 팔라마스를 향한 신학적 고발에 대해서는 함께하지 않았다. 비록 정치적 적대자로서는 그에게 위협을 느꼈지만, 신학자요 교회의 사람으로서는 그를 존경했기 때문이다. 1347년 초 황후 안나는 공의회를 소집하여 총대주교를 파면시켰다.

다음날 수도에 재입성한 칸타쿠제노스는 팔라마스를 옹호하는 일련의 공의회를 주재했다. 1347년 5월 헤지카스트 박사 팔라마스는 테살로니키 대주교로 임명되었다. 가장 중요한 공의회가 1351년 7월 소집되었고, 팔라마스의 마지막 적대자였던 철학자 니케포로스 그레고라스(Nicéphore Grégoras)를 정죄했다. 이 공의회가 공표한 『주교회의 선언』은 정교회가 팔라마스의 교리를 명백하게 승인한 공식 문서였다. 공의회의 결정들은 14세기에 열린 다른 지역 공의회들에 의해서 승인되었다. 그 내용은 『정교 시노디콘』(*Synodikon de l'Orthodoxie*)에 실렸고 그 후로 전례서에도 첨가되었다.

마케도니아 대도시 테살로니키의 대주교가 된 그레고리오스 팔라마스는 아주 다양한 영역에서 참으로 놀라운 사목적 열정을 불태웠다. 그의 설교는 이에 대한 가장 훌륭한 증거들이다. 14세기 테살로니키는 말 그대로 사회 변혁의 무대였다.

† ὃς εὔχεται ὑπὲρ...
αἰδοῦς βασιλ...κ(...)
αὐτοκρ(ά)τωρ ἰ...μ(...)
ὁ καντακου(ζηνὸς) ...

† Κάλλιστος ἐλέω θ(εο)ῦ
ἀρχιεπίσκοπος
κω(ν)σταντι(νου)πόλε-
ως (νέ)ας Ῥώμης κα(ὶ)
οἰκουμ(ε)νικὸς
πατριάρχης †

귀족들에 대한 '열심당'의 반란으로 얻게 된, 일정 정도의 독립성과 자존감에 젖은 테살로니키는, 콘스탄티노플의 중앙 권력이 임명한 팔라마스 대주교를 마지못해 받아들였다. 제국의 통일을 가능케 할 수 있는 사람(칸타쿠제노스)의 손을 통해서 제국의 통일성을 지켜나가길 원했던 자신의 정치 노선에 충실했던 팔라마스는 테살로니키 사람들에게 자신의 인격을 각인시켜 나갔다. 종종 그의 설교는 아주 격렬하게 사회 불의를 고발했고 그래서 많은 테살로니키 사람들을 불편하게 만들었다. 그러나 헤지카스트 박사가 당시 정치적 사건들에 대해 취했던 적극적인 발언에도 불구하고, 단순명료함을 특징으로 하고 있는 그의 설교는 신학적인 내용을 바탕에 둔 것이었고 언제나 그리스도의 신비에 초점을 두고 있었다.

그레고리오스 팔라마스의 말년은 예기치 못했던 사건으로 인해 더욱 인상 깊게 기억된다. 테살로니키에서 콘스탄티노플로 항해하던 중 대주교 팔라마스를 태운 배가 투르크인들의 손에 떨어졌다. 배에 탔던 승객들은 거의 1년 동안이나 투르크족이 점령한 소아시아에 머물 수 밖에 없었다. 이 피랍생활 중에 보낸 그의 편지와 글들은 여러 가지 점에서 아주 의미심장하다. 우리는 이 글을 통해서 한편으로는 점령된 지역에서, 혹은 잡혀 온 그리스도인들에게 보여준 투르크인들의 관용의 태도를 확인할 수 있고, 다른 한편으로는 감옥에 갇힌 대주교가 이슬람교에 대해서 보여주었던 생생한 관심을 읽을 수 있다. 그는 아미르(amir, 오스만투르크의 장군이자 이슬람교의 수장이라는 직책명) 오르칸(Orkhan)의 아들과 우정 어린 대화를 나누기도 했고, "서로가 이해하고 동의할 수 있는 날이 하루 속히 오기를 바란다"는 염원을 피력하기도 했다. 이 글들을 통해서 우리는 이미 비잔틴 교회를 대표하는 팔라마스가 콘스탄티노플 제국에 대한 전통적인 신의를 지키면서도 비잔틴의 정치적 이해와 교회의 고유한 선교를 분명하게 구별하여 이해하고 있었음을 느낄 수 있다. 그리스도 중심주의, 종교적 비타협주의와 함께 비잔틴 헤지카즘은 동방 그리스도교가 400년 동안이나 지속될 이슬람교의 지배 밑에서도 하느님의 섭리 안에서 생존해 나갈 길을 준비하고 있었다.

팔라마스는 1359년 11월 27일 자신의 대주교 관할 도시인 테살로니키에서 사망했다. 1368년 그는 옛 제자이자 벗이었던 세계총대주교 필로테오스(Philothée)에 의해 시성되었다. 그는 오늘날까지도 테살로니키에서 도시의 수호성인인 디미트리오스(Démétrius) 다음으로 가장 공경 받는 성인이다.

아미르 오르칸 ◀
테살로니키의 성 소피아 성당 ▶
성 그레고리오스 팔라마스 성해 행렬 ▶

ΙΕΡΟΣ ΜΗΤΡΟΠΟΛΙΤΙΚΟΣ ✝ ΝΑΟΣ ΘΕΣΣΑΛΟΝΙΚΗΣ
ΑΓΙΟΥ
ΓΡΗΓΟΡΙΟΥ ΤΟΥ ΠΑΛΑΜΑ

헤지카즘 신학

비잔틴 수도승들은, 발람이라는 사람에게서 헤지카스트 신비 영성의 토대를 이루고 있는 교리 체계를 문제 삼고 그에 대립되는 교리 체계를 내세운 적대 세력을 처음으로 발견하였다. 그러므로 그들은 자신들의 가르침을 제시하고 변호해야만 했다. 그것은 분명 심각한 도전이었지만, 결과적으로는 14세기의 헤지카즘이 얼마나 그리스 교부들과 고대 교회의 전통에 뿌리를 두고 있는지를 잘 보여주었다. 실제로 팔라마스의 모든 저작은 에바그리오스와 마카리오스로 거슬러 올라가는 신비 영성 전통을 폭넓은 교부학적 지식에 바탕을 둔 객관적이고 성경적인 그리스도교 사상 안에 통합한 것이었다. 이 전통의 어떤 주관적 경험들과, 특히 니케포로스의 기도 방법과 같은 이론의 여지가 많은 수행 방법은 분명 오해의 대상이 될 수도 있었다. 하지만 그것들은, 교회 공동체의 예수 그리스도 안에서의 삶이라는 팔라마스의 관점 안에서 결정적인 해석을 발견한다. 이렇게 해서 헤지카즘의 역사는 그것을 교회의 전통과 밀접하게 통합시키는 유기적인 해결책을 팔라마스 신학에서 발견한다.

발람의 입장은 두 가지 전제에 기초하고 있었다. 하나는 하느님 지식(인식)을 포함한 모든 지식(인식)은 지각 혹은 감각의

'경험'에 기원을 두고 있다는 아리스토텔레스적 전제이고, 또 하나는 그리스도교 저자들 특별히 위 디오니시오스에 의지하여 하느님은 감각적 경험 너머에 있으며 그래서 알 수 없는 분이라는 신플라톤주의적 전제이다. 발람에 따르면 모든 하느님 지식은 간접적일 뿐이다. 그것은 항상 감각이 지각할 수 있는 '존재를 통하여' 얻어진다. 신비 지식 자체는 '상징적으로'만 실제적이다.

그리스 철학에서 차용된 발람의 이 전제를 중심으로 모든 논쟁이 얽혀 있다.

팔라마스는 고대 철학의 일정한 가치를 인정했다. 하지만 그것은 오직 자연적 인식의 차원에서만 그렇다. 그가 발람의 사상에서 인정할 수 없었던 부분은 바로, 하느님 지식의 영역에서 성령의 직접적인 개입을 전적으로 배제해 버리는 이 자연주의(naturalisme)였다. 팔라마스는 이렇게 말한다.

> 나는 하느님의 은사 중 어떤 것은 자연적인 것이라고 말한다. 그것들은 율법 이전, 율법 아래, 율법 이후의 모든 사람에게 차별 없이 주어진다. 하지만 다른 것들은 초자연적이고 영적이며 특별히 신비적이다. 나는 이 후자가 전자보다 더 탁월한 것이라고 생각한다. 그것은 성령의 지혜를 받기에 합당한 사람들이 헬레네 민족 모두를 합한 것보다 더 탁월한 것과 같다. 나는 또한 하느님이 주신 자연적 은사들 중 하나가 철학이며, 그래서 인간 이성의 발견, 학문 등 ….

나는 그 각각의 고유한 명예를 인정한다.[55]

하지만 팔라마스는 하느님 지식에 대한 고대 철학자들의 주장에는 최소한의 신뢰도 부여하길 거부한다. 반대로 그는 모든 감각적 경험과는 독립된 초자연적 지식의 실재에 관한 교리를 발전시킨다. 이 초자연적 지식은 예수 그리스도 안에서 전인적으로(영혼과 몸) 인간에게 주어진 것이고, 인간은 자신의 힘이 아니라 성령의 은총으로 지금 이곳에서부터 궁극적 신화(神化 déification)와 견신(見神 vision de Dieu)의 맛물을 접할 수 있다. 헤지카스트 박사는 인간에 대한 성경적 이해를, 발람의 인간학이 바탕으로 삼은 플라톤주의적 정신주의와 대립시킴으로써 정신-신체적 기도 방법을 정당화한다. 성경적 인간학에서 몸은 영혼의 감옥이 아니라 오히려 성사들의 은총을 받아 누리고 궁극적으로 부활을 보장받는다. 그런데 왜 몸이 '순수기도'에 참여할 수 없단 말인가?

우리는 여기서 최근 처음으로 번역 출판된 『거룩한 헤지카스트들을 변호하기 위한 세 편의 글』(*Triades pour la défense des saints hésychastes*)에서 인용된 몇몇 본문을 통해서 팔라마스의 핵심적인 주장을 개괄하는 것으로 만족하고자 한다.

그레고리오스는 언제나 헬레니즘 철학 전반에 대한 비판으로 시작한다.

---

55 St. Grégoire Palamas, *Triades*, II, I, § 25, 위의 책, p. 274-276.

어떤 사람들은 너무 소박하다는 이유로 그리스도인에게 제시된 목표를 무시한다. 다가올 세상에 약속된 형언할 수 없는 복락이 그것인데도 말이다! 경험적 학문을 통해 얻은 지식만 가지고 있는 그들은 그것을 그리스도의 지혜를 실천하는 사람들이 속한 교회에 도입하려 한다. 학문적(과학적) 지식을 소유하지 못한 사람은 무지하고 불완전한 자라고 그들은 선언한다. 그래서 모두가 헬레네 학문에 전념해야 하고, 복음의 가르침은 제쳐놓아야 하며(사실 복음의 가르침은 학문에 대한 무지를 조금도 제거하지 않는다), "완전하게 되라", "그리스도 안에 있으면 우리는 완전하다", "우리는 완전한 자들 가운데서 설교한다"라고 말하는 자들은 그냥 멸시하고 멀리해야 한다고 말한다. 하지만 학문적 무지를 벗어남으로써가 아니라 우리 신학자들이 경계한 무지, 즉 하느님과 거룩한 교리에 대한 무지를 벗어남으로써, 또 이 신학자들이 지시한 규범들에 합당하게 모든 삶을 더 나은 상태로 만들어 감으로써, 그대는 하느님의 지혜로 충만하게 될 것이고, 실제로 하느님의 형상과 모양대로 되어 갈 것이다.[56]

하지만 성 사도 바울로를 따라 또 서방의 위대한 은총의 박사인 성 아우구스티누스와 아주 유사한 방식으로 자연에 대한 은총의 우월성을 선언하면서, 동시에, 헤지카스트 니케포로스의 정신-신체적 기도 방법을 변호할 때, 팔라마스의 논리에 어떤 결함이 있는 것은 아닐까? 그 정신-신체적 방법이

---

56 St. Grégoire Palamas, *Triades*, I, I, § 4 ; éd. Meyendorff, p. 14.

란 것이, 말하자면 일종의 그리스도교적 요가처럼, 자동적으로 하느님을 만날 수 있게 해주고, 그래서 저급하고 자연적이며 순전히 인간적인 기교에 은총이 의존하게 만든다고, 오늘날까지도 많은 사람이 오해하고 있으니 말이다.

사실 헤지카스트들의 기도에 대해 발람을 비롯한 많은 현대인이 가하는 이러한 비판은 정신주의적 전제 위에 서 있는데, 그것은 바로 초자연적인(Surnaturel) 것을 비물질적인(Immatériel) 것과 동일시하는 것이다. 그래서 인간의 육체는 은총을 받아들이는 그릇이라고 생각하는 것 자체가, 칼라브리아 철학자에게는 관대하게 봐주고 넘어갈 수 없는 오류로 보였다. 반대로 위(僞) 마카리오스의 저작과 연결되어 있는 수도 운동 전통과 팔라마스에게, 그것은 너무나 당연한 것이었다. 왜냐하면 하느님의 아들은 성모 마리아의 태에서 혈육을 취하셨고, 성사의 은총을 통해 인간 전체(몸과 영혼)를 성화할 수 있고 또 그래야 마땅한 가시적 교회를 세우셨으며, 이를 통해서 마지막 날에 있을 육체의 부활을 보장해 주셨기 때문이다. 다른 무엇보다도 이 점은 발람과 팔라마스의 논쟁에서 사활이 걸린 문제였다. 이러한 관점은 언제나 성경을 헬레니즘에, 예루살렘을 아테네에, 사도들을 철학자들에, 성육화와 죽은 자들의 부활의 종교를 영혼의 육체 이탈과 영혼 불멸의 종교에 대립시켰다.

여기서 우리는 헤지카스트 방법의 전제이기도 하고, 수도

승들에 의해 영적일 뿐만 아니라 육체적인 관점에서 이해되었던, '자신으로의 복귀'(retour en soi)라는 개념에 대해 몇몇 구절을 인용해 보겠다.

> 인간에 대한 비할 바 없는 사랑으로 하느님의 아들은, 자신의 신적인 위격(위포스타시스 Hypostase)에 우리의 본성을 기꺼이 연합시키셨다. 그분은 살아있는 육체와 지성을 갖춘 영혼을 입으셨고 지상에 나타나셔서 사람들과 함께 사셨다. 하지만, 오, 비할 수 없는 위대한 기적이여! 그분이 자신의 거룩한 몸을 나누어 주시어 신자들 각각과 하나가 되심으로써 인간 위격들 자체와 연합하시고 또 그렇게 해서 우리와 한 몸이 되실 때(에페소 3:6), 또한 그리스도의 몸 자체에 온전히 충만한 신성이 머문다고 하셨듯이(골로사이 2:9) 우리를 신성 전체가 거하는 성전으로 만드실 때, 다볼 산 위에서 제자들을 비추셨던 것처럼 우리 안에 모신 그 몸에서 나오는 신성한 빛이 그 몸에 거룩하게 참여하는 사람들의 영혼을 또한 밝혀 주고 비추어 주지 않겠는가? 그런데 (사도들의 경우) 은총의 빛의 원천인 주님의 몸은 아직 우리의 몸과 연합되지 않았기 때문에, 주님은 그에 합당하게 다가가는 사람들을 다만 밖에서 비추어 주셨고, 감각의 눈을 매개로 영혼에 이 빛을 보내 주셨다. 하지만 오늘날 주님의 몸은 우리와 하나로 섞여 우리 안에 존재하기 때문에, 영혼을 안에서 비추어 주는 것이다.[57]

---

57 St. Grégoire Palamas, *Triades*, I, 3, 38, 위의 책, p. 192.

▲ 감사의 성찬
14세기 (에나멜)

이 본문은 헤지카스트 영성이 스며들어 있는 인간학과 신학의 형식을 아주 분명하게 드러내 준다. 성육화 이후 우리의 몸은 "우리 안에 계신 성령의 성전(聖殿)이 되었고"(I 고린토 6:19) 바로 우리의 이 몸 안에서, 즉 성사를 통해 성화되고 성체성혈 성사를 통해 그리스도의 몸에 접목된 우리의 몸 안에서 우리는 성령을 찾아야 한다. 이렇게 해서 하느님은 우리들 바깥이 아니라 안에 계신다. 또한 그렇기 때문에 우리는 우리 자신 안에서 다볼 산의 빛을 발견하게 된다. 사도들은 그리스도가 죽으시고 부활하시기 전에 이 빛을 보았기에 단지 외적으로만 이 빛을 볼 수 있었다. 하지만 오늘날 우리는 실제로 그리스도의 몸인 교회의 지체이다.

그러므로 "자신으로의 복귀"(retour en soi)로서의 그리스도교 신비는 소크라테스의 "너 자신을 알라"는 것과는 완전히 다른 의미를 가진다. 팔라마스는 이렇게 말한다.

> (철학자들의) 이 규범의 목적이 무엇인지 찾아보라. 그러면 그대는 불경건의 수렁을 발견하게 될 것이다. 그들은 영혼의 윤회(métempsychose)를 가르친다. 그들은 생각하길, 만약 전에 묶여 있던 몸과 살던 곳과 행하고 들은 것들을 알지 못한다면, 사람은 자기 자신을 알 수 없고 그래서 이 규범에 충실할 수 없다고 한다. ⋯ 그들이 '너 자신을 알라'는 이 교훈을 되뇌며, 이 속임수를 미처 알아채지 못한 사람들을 이끌어가는 곳이 어딘지 보라. 그런데도 그들은 교부들의 전통에 따라 말하고 있다고 생각한다![58]

칼라브리아의 발람의 비판에 대해서 헤지카스트 박사 팔라마스는 이런 질문을 던진 후 대답한다.

> 예수 그리스도의 위격 안에 있는 빛, 성령의 영광을 알 수 있게 해주는 성부 하느님의 빛을 질그릇 안에 다시 말해 우리의 몸 안에 가졌는데, 하물며 우리가 이 육신 안에 우리의 영을 가진다고 한들, 그것이 과연 영의 고귀함을 깎아내리는 것이겠는가?[59]

58　St. Grégoire Palamas, *Triades*, I, I, § 10, 위의 책, p. 32.
59　St. Grégoire Palamas, *Triades*, I, 2, § 2, 위의 책, p. 78.

> 몸 안에 있는 영으로부터 오는 영적 기쁨은, 몸과 하나가 되었다 해서 조금이라도 손상되는 것이 아니다. 오히려 그것은 몸을 변화시키고 영적으로 만들어 준다. 왜냐하면 몸은 육의 악한 욕망을 거부하고 더 이상 영혼을 아래로 끌어내리지 않으며, 오히려 영혼과 함께 상승하여 "영에서 태어난 자는 영이다"(요한 3:6, 8)라는 말씀처럼 인간 전체가 영이 되게 하기 때문이다.[60]

이렇게 팔라마스의 사상은 헬레니즘의 정신주의적 경향이 항상 멸시해 오던 물질을 복권시킨다. 그는 '영'(πνεῦμα), '영혼'(ψυχή), '몸'(σῶμα), '육'(σάρξ)과 같은 신약성경 용어의 고유한 의미를 재발견한다. 이 용어들은 결코 영적인 것을 물질과 대립시키지 않는다. 그것들은 오직 초자연적인 것과 창조된 세계를 대립시킬 뿐이다. 인간의 영은 몸만큼이나 근본적으로 하느님과 구별된다. 하느님은 자신의 은총을 주심으로써 인간 전체, 즉 몸과 영혼 모두를 구원하신다. 팔라마스는 발람의 헬레니즘 정신이 받아들였던 무(無 néant)의 영성과 성경을 대립시킨다.

> 살아 움직이는 영혼의 열정을 하느님께 드려서 그것이 살아있는 제물이 되도록 해야 한다. 사도 바울로는 몸에 대해서도 똑같이 말한다. "여러분의 몸을 하느님 마음에 드는 거룩한 산 제물로 바치십시오."(로마 12:1) 그러면 어떻게 우

---

60 St. Grégoire Palamas, *Triades*, II, 2, 9, 위의 책, p. 334.

리의 살아있는 몸을 하느님 마음에 드는 제물로 드릴 수 있 겠는가? 우리의 눈이 부드러운 시선을 가질 때, 우리의 눈이 위로부터 오는 자비를 우리에게 이끌어 전해 줄 때, 우리의 귀가 거룩한 가르침에 귀 기울일 때, 또 다윗이 말한 것처럼 "당신의 규정을 기억하여 실천"할 때(시편 103:18), 우리의 혀가, 우리의 손이, 우리의 발이 하느님의 뜻을 받들어 모실 때 그럴 수 있다. 하느님의 계명을 지키는 이러한 실천이 영혼과 몸 모두에 관련된 활동이 아니겠는가? 그런데 어떻게 (바람이 말한 것처럼) 영혼과 몸에 다 관련된 이 모든 행위가 영혼을 어둠으로 가득 채우고 눈멀게 한단 말인가?[61]

우리는 헤지카스트 신비 영성과 힌두교의 니르바나 영성의 차이를 확인할 수 있다. 그리스도교 신비가가 추구하는 것은 그리스도 안에서의 새 생명이며, 그것은 그 존재 전체의 생명이다. 그리스도교 신비가는 세례와 성체성혈의 은총을 통해 이미 이 생명을 받았다는 것을 안다. 또한 그는 자기 안에서 이 생명을 찾는다. 바로 이것이 14세기 헤지카스트 운동이 개인주의적이고 주관적인 영성을 권장하기보다는 교회의 성사주의를 되살려내는 이유다. 팔라마스 자신도 세례성사와 성체성혈 성사에 대해 말하면서 "이 두 성사 안에 우리의 구원이 있다. '인간이 되신 하느님(그리스도)'의 경륜이 바로 여기에 다 요약되어 있기 때문이다"라고 확언한다.[62] 테살로니키

---

61 St. Grégoire Palamas, *Triades*, II, 2, § 20, 위의 책, p. 362-364.
62 *Homélie* 60, éd. Oikonomos, p. 250.

에서 행한 그의 설교들에서 팔라마스는, 주일에 드리는 성체성혈 성사와 관련된 교회의 권면을 따르라고 열정적으로 설교한다. 왜냐하면 주일 예배를 무시하는 사람은 하느님과 멀어지기 때문이다.[63] 그는 또한 될 수 있는 대로 매일 성체성혈 성사에 참여하라고 말한다.[64]

그의 인간학과 그리스도 중심적 신비 영성의 필연적 귀결로, 팔라마스는 또 한 번 이교 헬레니즘과 대립되는 역사 개념의 주창자가 되었고, 이것은 그로 하여금 성경적인 정신의 창조적 계승자로 만들었다. 그의 역사 개념은 그가 설교했던 테살로니키 성 소피아 대성당의 유명한 9세기 모자이크에서 영감을 받은 것 같다. 그리스도가 승천하시는 모습이 그려져 있

---

63 *Homélie* 50.
64 *Homélie* 38.

▲ "… 다시 오실 것이다."
9세기, 성 소피아 성당, 테살로니키

고, 그 밑에는 승천하실 때 천사들이 제자들에게 한 말이 적혀 있다.

> 갈릴래아 사람들아, 왜 하늘을 쳐다보며 서 있느냐? 너희를 떠나 승천하신 저 예수님께서는, 너희가 보는 앞에서 하늘로 올라가신 모습 그대로 다시 오실 것이다.(사도행전 1:11)

승천하시는 그리스도는 또한 재림하시는 그리스도이시기도 하다. 과거의 사실인 말씀의 육화, 미래의 사실인 마지막 날 육체의 부활, 이 두 역사적 사실에 토대를 둔 그리스도교 영성은 고대 그리스 사상과 달리 역사를 결코 무시할 수 없다.

쿨만(O. Cullmann)의 표현대로 고대 그리스적 사고방식은 지복을 '하계(下界)와 상계(上界)로 규정된' '공간적' 방식으로 이해한 반면, 성경에서 지복은 언제나 '현재'와 '미래'에 의해 조건 지워진다.[65] 사실 그리스도인은 역사로부터 해방되려고 하지 않는다. 그가 추구하는 것은 영육분리나 현실도피가 아니기 때문이다. 오히려 그는 역사의 목적과 의미를 안다. 그는 자기 안에 이미 다가올 하느님 나라의 담보를 성사를 통해 소유하고 있기에, 그의 삶 전체는 이 담보를 가장 충만하게 실현하여 지금 이곳에서부터 선택받은 자들에게 약속된 지극한 복락을 드러내는 것을 목적으로 삼는다.

팔라마스 사상의 이와 같은 종말론적 전망은 팔라마스 신

---

65 Cullmann O., *Christ et le temps*, Delachaux et Niestlé, Neuchâtel-Paris, 1947, p. 36-7.

학의 바탕과 이것을 표현하기 위해 그가 사용하는 다양한 이미지를 이해하는 데 꼭 필요한 것이다. 그래서 예를 들자면 헤지카스트들은 자신의 하느님 체험을 표현하기 위해서 늘 다볼 산 빛에 대해 말한다. 그들은 성인들에게 나타난 신적 현실이, 주님이 다볼 산에서 변모하실 때 제자들에게 나타났던 그 빛과 동일하다고 말한다. 그들에게는 이와 같은 동일화가 상징에 있어서만이 아니라 완벽하게 실제적으로도 정당한 것으로 보였다. 사실 교부들의 전통은, 한결같이, 복음서에 나오는 주님의 변모 사건을 주님의 재림을 선취한 사건으로 해석한다. 그런데 그리스도인에게 이 재림은 성사적 삶과 영적 체험 안에서 이미 살아있는 현실이다. 비록 우리는 마지막 날에 하느님 나라가 영광스럽게 도래할 것을 기다리고 있지만 그 하느님 나라는 또한 이미 "우리 안에" 있다. 이 '실현된 종말론'이야말로 신약 시대의 교회론과 영성에 있어서 본질적인 주제가 아니겠는가? 바로 이 지점에서 팔라마스는 '이성을 초월하는 지식'을 칼라브리아 철학자의 이성주의에 대립시키는 것이다. 그는 이렇게 말한다.

> 이성을 초월하는 이 지식은 그리스도를 믿는 모든 이들에게 공통된 것이다. … 그리스도는 성부 하느님의 영광 안에서 다시 오실 것이다. 그리고 … 의인들은 해처럼 빛날 것이다.(마태오 13:43) 그들은 빛이 될 것이고 빛을 볼 것이다. 이 우아하고 거룩한 광경은 정화된 마음에게만 허락될 것이

다. 이 빛은 오늘도 무정념(impassibilité)에 도달하여 저주받은 모든 것을 뛰어넘고 순수하고 지성적인(immatérielle) 기도를 통하여 깨끗하게 된 사람들에게 마치 담보처럼 부분적으로 빛난다. 하지만 그날이 오면 이 빛은 부활의 자녀들을 명백하고 완전하게 신화(神化)시켜서(루가 20:36) 우리의 본성에 영광과 신적 광체를 주신 그분(그리스도)과의 교제 안에서 영원히 영광을 누리게 할 것이다.[66]

우리가 이미 인용했던 본문에서 밝혔듯이, 예수와 함께 다볼 산에 올라간 제자들과 오늘날 그리스도인들의 차이는, 베드로와 야고보와 요한이 이 빛을 '외적으로', 마치 그들의 육안에 초자연적으로 나타난 대상처럼 경험했다면, 그리스도인들은 구세주의 죽으심과 부활 이후 성사를 통해 그분과의 일치 안에 머묾으로써 이 빛을 자기 자신 안에서 관상한다는 점이다. 그래서 그리스도인들은 받은 은총을 더욱 풍요롭게 만들 수 있고, 그 은총의 속성을 더욱 더 분명하게 알아감으로써 하느님을 만날 수 있게 된다. 특별히 바로 이것이야말로, 새로운 계약(신약)의 새 예언자라 할 수도승들이 전력을 다해 좇아가야할 목표다.

수도 운동의 예언자적 본질은 수도승들의 개인적 구원뿐만 아니라 교회 전체를 위한 아주 특별한 책임을 수도 운동에 부여한다. 교회 전통과 성사의 수호자인 성직자의 교도권을 대

---

66 St. Grégoire Palamas, *Triades*, II, 3, § 66.

체하지는 않지만, 수도승들도 계시된 진리의 표현에 있어서 하나의 역할을 톡톡히 해 낼 수 있다는 것이다. 왜냐하면 진리와 성성(聖性, 거룩성)은 결코 분리될 수 없는 하나의 실재이기 때문이다. 교회 안에서 수도 운동이 담당하는 기능과 구원 역사에 있어서 수도 운동이 차지하는 예언자적 역할을 바르게 이해하고 있었기에, 팔라마스는 아토스의 은둔 수도 생활에

그레고리오스 팔라마스, 헤지카즘의 신학자

▲ 제자들 앞에 나타나신 빛
14세기, 성사도 성당, 데살로니키

서 뛰쳐나와 교리 논쟁에 뛰어들었고, 그 시대의 정치적 사회적 삶에 적극적으로 참여했던 것이다.

그리스도교적 실존주의(existentialisme chrétien)

발람의 유명론에 맞서서, 팔라마스의 사상은 하느님이 역사와 인간 안에 내재하신다고 엄숙하게 선언하는 것 같다. 하느님은 '피조물을 통해서' 간접적으로만이 아니라 '예수 그리스도 안에서' 직접적으로 세상에 자신을 드러내신다는 것이다.

> 우리 모두는 위로부터 내려온 성부의 음성을 통해서(마태오 3:16-17) 성자를 알았고, 또 형언할 수 없는 빛이신 성령도 성자가 성부의 사랑하는 아들이심을 확실하게 보여주셨다. 성자 또한 우리에게 성부의 이름을 드러내주셨고 승천하시면서 성령을 보내시어 영원히 우리와 함께 있게 하시겠다고(요한 14:16) 우리에게 약속하셨다. 성령은 오셔서 우리 안에 머무셨고 우리에게 모든 진리를 선포하시고 가르쳐주셨다.(요한 16:13) 그런데 어떻게 우리가 단지 피조물을 통해서만 … 하느님을 알 수 있단 말인가? 결혼해 보지 못한 사람은 자기 경험과 비교할 수 없으니 하느님과 교회의 이 친밀함을 알지 못한다는 말인가? 그래서 그대가 말하는 하느님 지식을 얻으려면 모두가 동정(童貞, virginité)의 삶을 거부하기라도 해야 한단 말인가? 그러나 비록 결혼하지 않은 몸이

지만 "이는 큰 신비입니다. 그러나 나는 그리스도와 교회를 두고 이 말을 합니다"(에페소 5:32)라고 처음으로 선언한 바울로 성인 앞에서 그대는 아무 말도 못하고 부끄러움을 당할 것이다.[67]

하느님은 수수께끼 같은 방식만이 아닌 얼굴과 얼굴을 마주하고 볼 수 있게도 해주신다.(민수기 12:8) 하느님은 마치 영혼이 몸과 결합되어 있듯이 마치 자신의 지체인 것처럼 그분께 합당한 사람들과 연합하신다. 그분은 그들과 연합하셔서 그들 안에 충만하게 온전히 거하시고, 또 그들은 그분 안에 온전히 머물게 되며, 성자를 통해서 성령이 우리 안에 충만하게 부어지게 된다.(디도 3:6) 성령은 이를 위해 '창조된 존재'라고 말하는 것은 결코 아니지만 말이다.[68]

팔라마스는 성인들에게 허락되었던 이 '하느님 봄'(견신 見神)이 완전히 실제적인 것임을 끊임없이 주장한다. 그에 따르면, 하느님을 계시해 주는 이 은총은 다볼 산에서 제자들을 비추었던 빛과 마찬가지로 '창조되지 않은 것'이다. 다른 그리스 교부들과 같이 팔라마스의 신학적 어법에서도 하느님을 다른 존재들과 본질적으로 구별해 주는 것은 바로 '창조되지 않았다'는 것이다. 모든 존재들에 공통된 특징은 바로 '창조된 존재'라는 것이고, 따라서 이 존재들이 하느님과 교제함으로써 자신들 고유의 영역을 초월하는 바로 그것들이 이 '창조되지

---

67 St. Grégoire Palamas, *Triades*, II, 3, § 29, 위의 책, pp. 528-529.
68 St. Grégoire Palamas, *Triades*, I, II, § 29, 위의 책, p. 612-613.

않은 생명'에 참여함을 의미한다. 사실 동방 그리스도교 신학은 결코 '창조된 초자연'(surnaturel créé)이라는 사상에 호소하지 않는다. 그리스도인이 추구하는 것, 하느님이 성사의 은총을 통해 주시는 것은 하느님의 '창조되지 않은' 생명이고 신화(神化)다.

그러므로 팔라마스가 말하는 '하느님을 앎'(하느님 지식)이란 아는 주체와 알려지는 대상 사이에 어떤 외재성(外在性)을 필연적으로 전제하는 지식일 뿐만 아니라 '창조되지 않은 빛' 안에서의 연합이다. 사실 인간은 하느님을 볼 수 있는 능력이 조

오순절 성령강림 ▲
11세기(모자이크), 오시오스 루카스 수도원, 보이오티아

금도 없다. 그렇기에 인간이 하느님을 본다는 것은 결국 전능하신 하느님이 자신을 인간과 연합시키시고 하느님 스스로가 자신에 대한 지식을 인간에게 나누어 주시기 때문에 가능한 것이다. 성령이 우리에게 제공해 주시어 우리로 하여금 하느님을 볼 수 있게 해주는 초자연적인 능력에 대해 말하면서 팔라마스는 이렇게 주장한다.

> 이 (초자연적인) 능력은 다른 모든 존재를 떠났기 때문에 달리 작용 수단을 가지지 않는다. 그래서 그 자신이 온전히 빛이 되어 바라보고 있는 것과 동화된다. 그것은 빛이고 섞임 없이 빛과 연합된다. 이 능력은 자신을 보아도 빛으로 본다. 또, 보고 있는 대상도 빛이다. 볼 수 있게 해주는 수단도 빛이다. 연합은 바로 여기에 있다. 모든 것이 하나가 되어 보는 주체나 보게 해주는 수단이나 보고자 하는 목표나 본질이 구별되지 않으며, 그래서 결국은 자신이 빛이라는 것과 모든 피조물과 구별된 빛을 보고 있다는 것만을 의식하게 된다.[69]

이같은 글을 통해서 헤지카스트 박사가 표현하고자 했던 것은, 인간이 그리스도 안에서 영이 될 수 있다(요한 3:6)는 성경의 가르침과 다르지 않다.

'창조되지 않은' 하느님의 은총을 통해 하느님 그 자신에 참여함으로써 인간은 자신도 신이 된다. 성 사도 바울로가 말한

---

69 St. Grégoire Palamas, *Triades*, II, 3, § 36, 위의 책, pp. 458-460.

것처럼 "이제 인간이 사는 것이 아니라 그리스도가 그 안에서 사는 것"이다.

이렇게 팔라마스는 신화의 충만한 실제성을 주장함으로써 발람이 제기한 '메살리아니즘' 비판에 직면한다. 비잔틴 교회가 '메살리안파'와 '보고밀파'를 이단으로 정죄한 이유 중 하나는 이 이단들이 "육안으로 하느님의 본질을 볼 수 있다"고 주장했기 때문이다. 이에 대해 헤지카스트 박사는 '하느님의 본질'과 '하느님의 에네르기아 혹은 능력'에 대한 구별에 호소한다. 이러한 구별의 핵심적인 내용은 이미 니싸의 그레고리오스와 고백자 막시모스에게서 발견되었다.

실제로 팔라마스에게 "얼굴과 얼굴을 맞대고 하느님을 본다"는 것은 "하느님의 본질을 본다"는 것을 의미하지 않았다. '본질을 초월하는(suressentiel)' 하느님은 결코 창조 세계의 어떤 개념이나 특별히 철학적 본질 개념과 동일시될 수 없기 때문이었다.

> 모세와 대화를 나누실 때 하느님은 "나는 본질이다"라고 말씀하신 것이 아니라 "나는 있는 나다"(출애굽 3:14)라고 말씀하셨다. 그러므로 "있는 나"가 본질에서 나온 것이 아니라, 본질이 "있는 나"로부터 나오는 것이다. 왜냐하면 "있는 나"는 그 자신 안에 모든 존재를 포괄하기 때문이다.[70]

---

[70] St. Grégoire Palamas, *Triades*, III, 2, § 12, 위의 책, pp. 664-665.

그리스도인의 하느님, 성경의 하느님은 살아계신 하느님이시다. 하지만 그분은 또한 모든 피조물을 본질적으로 초월하신다. 스스로를 드러내실 때조차도 하느님은 그 본질에 있어서는 알 수 없는 분으로 남아 계신다. 왜냐하면 하느님 본질의 계시(啓示)는 하느님을 피조물의 수준에 놓게 될 것이고 인간

▲ 모세의 환영
16세기(템페라), 성 까떼리나 수도원, 시나이

으로 하여금 "본질에 있어서 하느님"인 존재가 되게 할 것이기 때문이다. 그러므로 모든 계시(révélation), 모든 참여(participation), 모든 신화(déification)가 가능한 것은 살아계신 하느님의 자유로운 행위로 말미암는 것이다. 즉, 그것은 '하느님의 에네르기아'다. 하지만 하느님 자신은 이 행위 자체와 완전히 동일한 분은 아니다. 하느님은 전적으로 자신을 드러내면서도 동시에 이 계시 행위 너머에 머물러 계신다. 사실 하느님은 모든 피조물을 소유하시고 그것에 자신의 생명을 주시지만, 피조물은 항상 유일한 행위자로 계시는 하느님을 소유할 수 없다. 그런데 하느님의 본질을 안다는 것은 하느님을 소유하는 것이 될 것이다. 팔라마스가 자신의 신학에서 추구하고자 한 목표는, 교부 전통과 뗄 수 없는 일체를 이루고 있는, 서로 모순되어 보이는 두 가지 사실을 화해시키는 것이다.

첫째로, 예수 그리스도 안에서 드러난 하느님 계시(啓示)는, 하느님과 인간 사이에 내적 친밀성을 드러내 주고, 성 바울로가 하나의 몸이라는 이미지를 통해 묘사했던 바, 하느님과 인간의 연합을 가능케 하여 "얼굴과 얼굴을 맞대고 하느님을 뵐 수 있도록" 해주는 총체적인 계시라는 사실이다.

두 번째는, 하느님은 그 본질에 있어서 결코 알 수 없는 분이라는 사실이다.

분명히 이 두 진리는 본질주의 철학의 틀에서는 결코 화해될 수 없는 모순이다. 팔라마스도 그리스도교적 경험에서 알 수 있게 된 '하느님의 실존'(existence divine)을 출발점으로 삼는다. 이어서 그는 '하느님의 계시 행위' - 하느님의 에네르기아 - 와 '하느님의 알 수 없는 본질' 사이에 명확한 구별을 확립한다. 이 구별은 하느님 존재의 통일성을 깨뜨리지 않는다. 왜냐하면 단순성을 속성으로 가지는 하느님은 그 본질과 에네르기아 안에 나뉘지 않고 언제나 전체로 현존하시기 때문이다. 우리는 여기서 팔라마스 신학의 이 핵심을 더 깊이 소개할 수 없다. 다만 팔라마스 자신의 이와 같은 신학적 정식화가 추상적 사변의 결과가 아니라는 것, 비잔틴 인문주의자들의 유명론에 맞서서 철저하게 실재론적인 관점에서 신화의 신비를 표현한 것이라는 점을 강조하고 싶을 뿐이다. 이 점과 관련하여 다음의 인용문은 특별히 중요하다.

> 하느님에 참여할 수 있기에, 또 하느님의 초본질적인 본질은 절대 참여할 수 없는 그 무엇이기에, 참여할 수 없는 본질과 하느님에 참여할 수 있게 된 참여자 사이에는 무언가가 존재한다. 만약 그대가 이 참여할 수 없음과 참여할 수 있음 사이에 있는 그 무엇을 제거해 버린다면 - 오 생각할 수 없는 허무여! - 그대는 그 연결 고리를 파괴해 버리고, 하느님과 피조 세계 그리고 피조 세계에 대한 하느님의 통치 사이에, 너무나 심각하고 뛰어넘을 수 없는 심연을 만들어 버림으로써, 우리를 하느님으로부터 분리시켜 버릴 것이다. 그렇기 때문에 우리는 또 하나의 선하신 하느님을 상

정해야 한다. 그분은 자기 자신만을 바라보는 것으로는 만족하지 않는 분이셔서, 자기만의 목적, 자기만의 능력, 자기만의 신화를 소유하신 분이 아니라, 완전하시면서도 모든 충만을 또한 다시 한 번 뛰어넘으시는 그런 하느님이시다. 그래서 이 하느님은 선하시면서 동시에 선을 행하실 수도 있는 분이시다. 이 하느님은 부동의 하느님이실 뿐만 아니라 운동 속에 계시는 분이시기도 하다. 이렇게 이 하느님은 창조와 섭리에 관련된 그의 모든 에네르기아를 통해 만물을 위하시는 분으로 현존하시고, 드러나시게 될 것이다. 한 마디로 우리는 어떤 방식으로든 참여할 수 있는 하느님, 그분께 참여함으로써 우리 각자가 각각 고유한 방식으로 참여의 정도에 따라 존재와 생명과 신화를 받게 될, 그런 하느님을 찾아야 할 것이다.[71]

사실 발람의 '알 수 없는 하느님'은 참된 실존을 가질 수 없다. 더 나아가 인간이 미치지 못하는 곳에 하느님이 계신다면 그리스도가 왜 오셨겠는가? 유일자의 신성과 나란히 제 2의 보다 열등한 또 하나의 신을 도입하는 것이라는 철학적 반론에 맞서, 팔라마스는 여러 방식으로 하느님이 현현한다고 해서 그것이 곧 하느님의 단일성을 해치는 것은 아님을 끊임없이 주장하며 응수한다. 왜냐하면 하느님은 전체와 부분이라는 철학적 범주를 뛰어넘는 분이어서 그 본질에 있어서는 전적으로 알 수 없는 분으로 머물러 계시지만 각각의 에네르기

---

71 St. Grégoire Palamas, *Triades*, III, 2, § 24, 위의 책, p. 686-687.

아 안에서는 살아계신 하느님으로써 자기 자신 전체를 드러내시기 때문이다.

> 선하심은 하느님의 한 부분이 아니다. 지혜도, 위엄도, 섭리도 하느님의 한 부분이 아니다. 하느님 전체가 선하심이시고, 지혜이시고 섭리이시고, 위엄이시다. 왜냐하면 하느님은 유일한 분이시기에 나뉠 수 없기 때문이다. 이 에네르기아 각각을 자신의 것으로 소유하시고 이 에네르기아 각각을 통한 현존과 행위를 통해서 단일하고 단순하고 나뉠 수 없는 방식으로 자기 자신 전체를 드러내시기 때문이다.[72]

이렇게 팔라마스 신학은 한편으론 신화의 토대를 그리스도 중심주의와 성사에서 찾고 있다는 점에서, 또 한편으로는 하느님 본질이 절대 접근할 수 없는 신비라는 것을 지지하고 있다는 점에서 헤지카스트 전통을 교리적으로 종합한 것이라 할 수 있다. 더구나 그리스도교 사상의 이 두 측면은 그리스 교부들의 자명한 신학적 원칙이었다. 그래서 팔라마스의 독창성은 이 문제를 제기하고 풀어 간 명확성에 있을 뿐이다. 합리적 사상의 시각에서는 단지 부조리하고 해결할 수 없는 딜레마일 뿐인 것이, 그의 글을 통해서 하느님 신비를 가장 정확하게 표현하는 것이 되었다. 유일한 창조주이자 유일하게 '창조되지 않은 존재'인 하느님은, 자신이 결정한 방식으로 자신이 원하는 곳에서 자신을 드러내는 분이시기에, 절대 접근할

---

72 *Dialogue d'un orthodoxe et d'un barlaamite*, inédit, Coisl. 100, fol. 55.

수 없는 본질이지만 동시에 하느님은 아들 성자 안에서 충만하게 자신을 드러내시어 인간에게 자기의 고유한 '창조되지 않은 실존'을 보여주길 원하시는 살아계시는 하느님이시다.

  팔라마스의 적들은 그가 하느님 안에 이원론을 도입했다고 비난했다. 만약 에네르기아가 본질과 구별되는 것이라면 두

그리스도 ▲
11세기(에나멜·칠보)

하느님이 존재하는 것이 아닌가 하는 것이다. 이 반론에 대해 팔라마스와 그의 제자들은, 하느님은 그 존재의 단순성 때문에 본질과 에네르기아들 안에 온전하게 전체로 존재하신다는 주장으로 반박했다. 이렇게 해서 그들은 진정 그리스도교적인 방식으로 절대자 하느님과 세상의 관계라는 문제를 해결했다. 플라톤은 이 관계를 자기의 고유한 실존을 가진 '이데아의 세계'와 그것의 반영일 뿐인 '가시적 세계'의 관계로 이해했다. '무(無)로부터의(ex nihilo) 창조'라는 성경적 개념과는 근본적으로 화해될 수 없었던 플라톤주의는, 오리게네스 이후 줄곧 동방 그리스도교 사상의 가장 큰 유혹이었다. 그리스도교 사상은 바로 팔라마스를 통해서 이 플라톤주의를 결정적으로 극복할 수 있었다고 우리는 말할 수 있다. 하느님과 그의 피조물 사이에는 독자적으로 실존하는 어떤 현실도 존재하지 않는다. 오직 하느님만이 자유로운 관대하심을 통해 이 현실을 이루신다.

고백자 성 막시모스의 표현에 따르자면, 하느님은 다양한 존재들이 접근할 수 있도록 자기 자신을 '다양화'하신다. 그러므로 하느님의 에네르기아들은 하느님 본질이랄 수 있는 어떤 '지고의' 것과 구별되는 '다른 어떤 것'이 아니다. 창조하고 구속(救贖, rédemptrice)하고 성화하는 은총은 하느님이 피조물에게 베푸는 어떤 것이 아니라 살아계신 하느님의 실존적 현현 그 자체다.

이렇게 팔라마스와 그의 적들을 대립시킨 것은 그 적들이 주창한 본질주의 철학(philosophie essentialiste)이었고, 이 철학은 초월적이면서 동시에 살아계신 하느님이라는 성경적 현실을 이해할 수 없었다. 헤지카스트 박사는 이 본질주의 철학에 실존적 인격주의(personnalisme existentiel)를 대립시켰다. 이 실존적 인격주의에서 하느님의 '단순성'은 본질이 아니라 하느님의 인격적 실존에 적용되었고, 바로 인격적 실존으로서의 하느님이 그의 본질과 그의 자유로운 행위들, 즉 에네르기아들 안에서 동시에 현현하신다. 하느님에 대한 본질주의적 이해와 대비되는 팔라마스 신학의 독창성은, 하느님 존재에 또 하나의 낯선 현실을 첨가한 것이 아니라, 그분의 절대적 초월성을 지지하면서도 동시에 실존적인 방식으로 하느님 자신을 사유하는 데 있다.

팔라마스 사상은 하느님을 행동하는 주체로 말할 때 참으로 명확하게 표현된다. 불가피하게도 하느님을 인식의 대상으로 간주하는 경향이 있는 철학적 용어들을 통해서 어느 정도는 성공적으로 자신의 사상을 개념화하고자 했을 때보다, 바로 이때 그는 더 실재에 가까이 있음을 느낀다. 정확하게도 하느님은 인간에게 하나의 인식 대상일 수 없다. 하느님은 인식 행위에 있어서 유일한 행위자시다. 본질과 에네르기아들 사이의 구분도 하느님께 강요되지 않는다. 오히려 하느님 자신이 자신의 전능하심과 관대하심 안에서 기꺼이 실제적으로

▲ 그리스도의 탄생
신성이 인성 안에 머무신 이후 …
11세기(모자이크), 다프니 수도원, 아테네

다양한 실존의 양식을 취하시는 것이다. 팔라마스는 이렇게 말한다.

> 하느님은 만물을 초월하시고 이해할 수도 헤아릴 수 없는 분이시지만, 우리를 향한 넘치는 선하심으로 우리의 지성이 참여할 수 있는 분이 되시고, 그분의 초본질적이고 분리할 수 없는 권능 안에서 보이지 않게 보이는 분이 되시길 허락하셨다.[73]

---

73 *Triades*, I, 3, § 10, 위의 책, p. 128.

마지막으로 우리는 19세기 가장 위대한 정교회 신학자 중의 한 사람인 모스크바의 필라렛 대주교의 성탄축일 설교를 인용하고자 한다. 그는 헤지카스트 박사 팔라마스의 것과 아주 유사한 용어를 사용하여 동방교회 안에서의 이 신학의 영속성을 증언한다.

> 하느님은 영원토록 그의 영광의 숭고함을 누리신다. … 영광은 계시이고 현현이고 반영이고 내적 완전의 옷이다. 하느님은 영원토록 자기와 동일한 본질을 가진 성자의 영원한 탄생과, 자기와 동일 본질을 가진 성령의 영원한 발출을 통해서, 자기 자신에게 스스로를 드러내시고, 이렇게 그분의 통일성은 거룩한 삼위일체 안에서 본질적이고 사멸하지 않고 움직이지 않는 영광으로 빛나신다. 아버지 하느님은 영광의 아버지시고(에페소 1:17), 하느님의 아들은 그 영광의 광채이시며(히브리 1:3) 세상이 생기기 전부터 아버지 안에서 영광을 누리셨습니다. 마찬가지로 하느님의 성령은 영광의 성령이시다.(I 베드로 4:14) 이 고유하고도 내적인 영광 안에서 하느님은 어떤 증인도 필요 없이 어떤 나눔도 허용하지 않고 모든 영광을 뛰어넘는 완복(完福)을 누리신다. 하지만 무한하신 관용과 사랑으로 자신의 지복을 나누어 주시고 자기 영광의 복된 참여자를 만들고 싶어 하셨으므로, 하느님은 그분의 '지극한 완전성'을 피조 세계 안에 불러일으키시어 드러나시게 되었다. 하느님의 영광은 천상의 권세들에게서 나타나고 인간 안에 반영되었으며 이 가시적 세계의 경이로움을 두르셨다.

하느님은 영광을 주시고, 이 영광에 참여하도록 허락받은 이들은 그 영광을 받고, 그 영광은 다시 하느님께로 돌아간다. 하느님 영광의 이 영원한 회전 안에, 말하자면 피조물들의 복된 생명과 복락이 있다. …

신성이 인성 안에 머무신 이후, 생명과 신심에 필요한 하느님 권능의 모든 선물(은사)이 우리에게 주어졌다.(II 베드로 1:3) 그래서 우리의 약함은 하느님의 강한 힘으로 채워질 것이고, 우리의 거짓은 하느님의 진리로 지워질 것이며, 우리의 어둠은 거룩한 빛으로 밝혀질 것이다. 보라, 이날(성탄축일)의 영광스러운 신비, 신비스러운 영광을! 천상에 있는 빛의 종들은 우리보다 먼저 이 영광의 서광을 보았고, 곧바로 우리에게 그것을 예고하며 이렇게 외쳤다. "지극히 높은 곳에서는 하느님께 영광!"(루가 2:14) 하지만 지금은 더 이상 서광이 아니라 이 영광의 광명천하다. 우리의 영광도 또한 높이 올라간다. 이제는 우리의 영광이 하늘에 사는 이들을 향해 솟아오른다.[74]

---

74 *Choix de Sermons et Discours de S. Em. Mgr. Philarète*, traduits du russe par A. Serpinet, I, Paris, 1866, p. 3-4, 8-9.

팔라마스 이후의 헤지카즘

14세기부터 오늘날까지의 동방 그리스도교 헤지카즘

그레고리오스 팔라마스가 14세기 비잔틴 신비 영성의 유일한 스승인 것은 아니다. 그와 나란히 시나이의 그레고리오스라는 매력적인 인물이 있었다. 발람이나 그에 필적하는 사람들과의 교리 논쟁에는 전혀 참여하지 않았지만 불가리아로 가서 헤지카스트 영성을 슬라브어권 국가들에 전파하는 데 기여한 이 엄격한 수도승에 대해서 우리는 이미 말한 바 있다. 순전히 영성의 차원에서 볼 때, 그의 영향은 팔라마스보다 더욱 폭넓었다. 기도에 대한 그의 짤막한 글 모두가 헤지카즘의 세부적인 규범으로 제시된다. 수도승의 심리 상태에 대한 아주 세심한 관찰을 통해 얻은 수없이 많은 규칙이 '순수기도'와 니케포로스의 정신-신체적 기도 방법과 관련된 권면에 덧붙여졌다.

시나이의 그레고리오스의 글을 통해서 헤지카스트 전통은 에바그리오스의 사변적이고 지성적인 신비 영성의 요소들, 신신학자 시메온의 예언자적 신비 영성, 마카리오스로 거슬러 올라가는 마음의 영성(spiritualité du coeur)을 두루 포괄하는 명실상부한 체계가 되었다. 시나이의 그레고리오스가 이룩한, 헤지카스트 영성의 체계화는 팔라마스의 신학적 종합을 더욱 필요하고 용이하게 만들었다.

우리는 시나이의 그레고리오스와 팔라마스가 같은 시기 아토스에 살았음에도 불구하고 이 둘 사이에 어떤 관계가 있었는지 알지 못한다. 이 점과 관련하여 아무런 정보도 없다는 사실은 그들이 대표하고 있던 두 흐름 사이에 애초부터 일종의 대립과 경쟁이 있었던 게 아닌가 하고 추측하게 한다. 어쨌든 이 두 스승 사이에 차이가 있었다 해도 그것이 그의 제자들에게는 별다른 영향을 주지 못한 것 같다. 실제로 마르코스, 이시도로스, 칼리스토스 등 시나이의 그레고리오스의 제자들은 콘스탄티노플에서 팔라마스 신학 진영의 가장 열렬한 주역이 되었다. 불가리아의 제자들도 트로노보의 총대주교로 하여금 1351년 콘스탄티노플 공의회의 결정들을 인정하게 만들었다. 이렇게 팔라마스에 의해 확립되고 교회에 의해 인정된 신학은 헤지카스트 전통 전체에 수용되었다.

대부분의 비잔틴 수도 운동은 '순수기도'를 '예수 기도'와 '신명(神名)의 신비 영성'(mystique du Nom)과 동일시했다. 아주 대중화된 니케포로스의 기도 방법은 단지 보조적인 역할만을 했고, 헤지카스트 영성은 수도 공동체의 전례 규범에 덧붙여지면서 이 전례 영성을 보충하고 풍요롭게 만들었을 뿐 그것을 결코 대체하려 하지는 않았다. 이 점에 대해 우리는 후대에 아주 폭넓게 보급된 하나의 본문을 인용하려 한다. 그것은 14세기 후반기의 아토스 수도승 칼리스토스와 이그나티오스 크산토풀로스의 『백장(百章)』(Centurie)이다.

> 하느님이 흡족해하시는 모든 일의 핵심 원리는 충만한 믿음으로 구세주 우리 주님 예수 그리스도의 이름을 부르는 것이다. 예수가 친히 우리에게 말씀하셨다. "너희는 나 없이 아무것도 하지 못한다."(요한 15:5) 그 다음에는 평화다. 왜냐하면, "성을 내거나 말다툼을 하는 일 없이, 어디에서나 거룩한 손을 들어 기도하기를 바랍니다"(I 디모테오 2:8)라고 말씀하셨기 때문이다. 그리고 사랑이다. 하느님은 사랑이시고 그래서 사랑 안에 머무는 사람은 하느님 안에 머물고 하느님은 그 사람 안에 머물기 때문이다.(I 요한 4:16) 평화와 사랑은 기도가 하느님께 흡향되게 할 뿐만 아니라 마치 거룩한 두 개의 신적인 빛처럼 기도로부터 나오고 기도에 따라 자라기도 하고 꺼지기도 한다. …

우선 호흡을 통해 마음으로 들어가는 것과 관련된 것으로서 영적 묵상에 상당한 공헌을 한 복된 니케포로스의 자연적인 방법에 대해 언급하는 것이 좋고 또 특별히 유익하다. 하지만 이에 앞서 아니 무엇보다도 먼저 영이 이 투쟁을 끝까지 밀고 나갈 수 있는 것은 오직 은총의 도우심을 통해서다. 살아있는 믿음으로 온전히 순결한 가운데 아무런 잡념에도 시달리지 않고 마음으로 예수 그리스도께 드려진 '한 구절로 된 호명 기도'(invocation monologique)에 화관을 씌워주는 것은 바로 하느님의 은총이다. 이 은총은 조용하고 어두운 곳에서 행한 호흡 기도 방법의 단순하고도 순수한 결과가 결코 아니다. 절대로 아니다! 거룩한 교부들은 이 방법을 만들어 낼 때 오직 보조적인 의미만을 부여했을 뿐이다. 말하자면 영을 모아들이고 습관적으로 젖어 있던 수많은 잡념으로부터 그것을 빼내어 본래의 자기 자리로 되돌려 놓아서 집중케 하기 위한 하나의 보조적인 방법이라는 말이다. …

그러니 나의 형제여, 모든 방법과 규칙과 훈련은, 순결함으로 또 잡념 없이 마음속으로 기도할 수 없는 우리의 무력함 때문에, 또 그것을 이겨내기 위해 생겨난 것임을 알아야 한다. 우리 주 예수 그리스도가 베푸신 선하심과 은총을 통해 이 기도의 상태에 이르게 되면, 우리는 다수, 다양, 분리 등의 상태를 벗어나 즉각적으로 모든 논변을 뛰어넘어 일자(一者)이시고 단순하시며 하나 되게 하시는 그분과 연합한다.[75]

---

75 Trad. J. Gouillard, *Petite Philocalie*, pp. 288-292.

팔라마스 사상의 승리는 또한 비잔틴 신학을 '반복의 보수주의'로부터 끌어내어 그동안 동방에서 전통적으로 받아들여져 왔지만 유명론적 인문주의의 물결에 의해 위협받고 있었던 성경적이고 성사적인 실재론의 길에 올려놓음으로써 비잔틴 신학에 중요한 영향을 미쳤다. 이 점과 관련하여 니콜라스 카바질라스라는 인물은 아주 인상 깊은 예를 제공한다.

카바질라스는 황제 요한 칸타쿠제노스(1347-1354)의 후견 아래 인문주의자와 외교관으로 경력을 쌓았다. 칸타쿠제노스, 디미트리오스 키도네스와 함께 그는 고대 그리스 문화사상에 심취한 학자 그룹의 일원이었다. 모든 것이 그로 하여금 팔라마스의 적대 진영으로 몰아가는 듯했다. 키도네스는 이 유혹에 결국 넘어가고 말았다. 키도네스에 따르면 그리스 철학은 아토스의 은수도승들보다는 서방의 스콜라 학문 안에서 더욱 잘 살아남았다. 그래서인지 그는 토마스주의에 열광했고, 토마스 아퀴나스의 『신학대전』을 비잔틴 그리스어로 번역했으며, 결국 로마 교회의 품 안에서 인생을 마쳤다. 카바질라스는 자신의 길을 선택하기 전에 오랫동안 주저했다. 하지만 그는 결국 팔라마스 사상이 참된 정교 신앙임을 인정하게 되었고 팔라마스가 지키고자 한 본질적 가치인, 성사적 교회적 신비 영성의 박사가 되었다. 이렇게 해서 그는 칸타쿠제노스와 끝까지 우정을 이어 갔다. 요한 칸타쿠제노스는 1354년 황위(皇位)를 물려주고 수도승이 되어 신학에 전념했고 팔라마스

사상의 적대자들을 논박하는 여러 저작을 저술했다.

카바질라스는 신학 논쟁에 아주 드물게만 참여했다. 이러한 사실은 그가 순전히 교리적인 문제에 대해서는 무관심했다고 믿게 해 왔다. 위에서도 지적한 바 있듯이, 사실상 팔라마스 자신도 예수 그리스도 안에서 드러난 하느님의 계시 현실을 신학적 형식을 통해 표현하고자 했을 뿐이다. 그러므로 르네상스 인문주의가 "인간의 삶은 인간 그 자신이다"라고 선언하고 있었다는 점에서, 니콜라스 카바질라스의 『그리스도 안에서의 삶』(*Vie en Jésus Christ*)이라는 책은 결국 팔라마스 사상의 장엄한 선언이었다.

헤지카스트 박사 팔라마스는 세례성사와 성체성혈 성사로 대표되는 성사 안에서 헤지카스트 신비 영성의 토대를 발견했다는 것을 우리는 살펴보았다. 바로 이 점에서 카바질라스 또한 팔라마스의 제자다. '예수 그리스도 안에서의 삶'을 심리학적 모방의 차원에 올려놓는 대신, 그는 이 주제를 교회의 세 가지 입문성사인 세례성사(Baptême), 견진성사(Confirmation), 성체성혈 성사(Eucharistie)에 대한 세부적인 설명을 통해 다루었다.

> 마치 커다란 창문과 같이 성사들을 통해서, 정의의 태양(Soleil de justice)이 어둠에 잠긴 이 세상으로 뚫고 들어와서 세상을 좇아 사는 생명을 멸하고 초자연적인 생명을 펼쳐 나간다. 그래서 세상의 빛(Lumière du monde)이 이 세상을 이긴다. "내가 세상을 이겼노라." 하나의 몸을 나누어 가짐으

로써 죽고 지나가는 것이 죽지 않고 쇠락하지 않는 생명을 얻는다.[76]

팔라마스처럼 카바질라스도 '하느님에 대한 신비 지식'이라는 개념을 옹호한다. 이 지식은 헤지카스트 박사가 말한 것처럼 세례의 열매다. 그는 성 요한 크리소스토모스의 것이라며 하나의 글귀를 인용한다.

> 세례 받은 후 성령에 의해 정화된 우리 영혼은 태양보다 더 밝게 빛난다. 우리는 하느님의 영광을 관상할 뿐만 아니라 그 영광의 광채를 받는다. 빛을 받은 순금이 그 자신의 본성뿐만 아니라 태양의 광채에 의해서 영롱하게 빛나듯 말이다. …
>
> 요약하면 세례의 효과는 다음과 같다. 죄를 지워 버린다. 인간을 하느님과 화해시킨다. 하느님을 인간과 한 몸이 되게 한다. 거룩한 빛 앞에서 영혼의 눈을 뜨게 해준다. 모든 것을 미래의 생명으로 향하게 해준다.[77]

비잔틴 예식에서 세례성사를 통해 한 몸이 되었음을 인(印)치는 견진성사에 대해 말한 다음, 카바질라스는 "영과 진리로 드리는" 참된 예배인 성체성혈 성사를 묘사한다. 결론에서 그는 14세기 헤지카스트 신비 영성의 두 축은 '예수 이름의 끊임

---

76 St. Nicolas Cabasilas, *Vie en Jésus Christ*, Trad. S. Broussaleux. 『그리스도 안의 삶』, 황애경 역, 정교회출판사, 2008.
77 위의 책, pp. 81-85.

없는 기도'와 '성체성혈 성사에의 계속적 참여'라는 결론에 도달한다.

> 항상 우리 묵상의 대상이신 그분을 부르자. 그래서 우리의 영이 항상 그분 안에 흡수되고 우리가 매일 그분께만 집중할 수 있게 하자. 하느님의 이름을 부르자. 입으로, 영으로, 또 생각으로 말이다. 그래서 우리가 지은 모든 죄에 구원의 유일한 처방을 적용하자. 우리의 구원을 보장해 줄 다른 이름은 없다.(사도행전 4:12)
>
> 진실로 인간의 마음을 튼튼하게 해 주는 이 빵(그리스도의 몸)은 우리에게 이 효과를 얻게 해 주며, 우리 영혼에 상존하고 있는 게으름을 뿌리 뽑아 줄 것이다. 이 빵은 생명을 주기 위해 하늘에서 내려온다. 모든 수단을 동원해서 우리는 이 빵을 먹으려고 애써야 한다. 이 감사의 성만찬 잔치가 우리의 지속적인 일이 되게 해서 우리를 기아로부터 지켜야 한다. 우리 영혼이 빈혈에 걸리지 않도록 주의하자. 성사를 함부로 대하지 않겠다는 핑계로 이 식탁을 멀리하여 도리어 우리 영혼의 건강을 위태롭게 하는 일이 없도록 경계하자. 반대로 사제에게 우리의 죄를 다 고한 뒤 이 속죄의 거룩한 피를 마셔야만 한다.[78]

카바질라스가 모든 교부들과 마찬가지로 성만찬 예배와 관련해서 '빈도'보다는 '지속성(continuité)'을 강조하고 있다는 점

---

[78] 위의 책, p. 185-187.

을 주목해야 한다. 교부들에 따르면 성사적 삶은 일련의 일시적 감동으로 이루어지는 것이 아니라 삶 전체로 이루어지며, 우리를 그리스도와 한 몸이 되게 하는 성사적 신비에 그 삶의 현실 자체가 끊임없이 참여할 것을 요청한다.

> 우리 주님은 육신뿐만 아니라 영혼, 지성, 의지, 인간 본성에 고유한 모든 것을 수용하셔서 우리의 존재 전체와 연합하시고 우리를 그밖의 것들로부터 떼어놓으시며, 주님 전체가 우리의 존재 전체와 결합하심으로써 우리를 그분 안에 합체시키셨다. 그분과 인간 사이에는 죄를 제외하고 모든 것이 공통이 되었다. 깨끗한 마음으로 주님의 몸과 피에 다가가서 그 몸과 피를 모신 후 모든 악으로부터 자신을 지키려고 애쓰는 영혼들에게 주어지는 성만찬의 덕과 은총을 보라! 주님이 이렇게 준비되고 각오된 이들과 친밀하게 연합하시는 것을 막을 수 있는 것은 아무것도 없다. 이 연합을 찬양하기 위해 바울로 성인은 "이 신비는 참으로 위대하도다"라고 말했다. 왜냐하면 이것이 바로 전례를 통해 행해진 신비로운 혼인잔치이며, 이를 통해 신랑이신 하느님은, 마치 동정의 신부를 맞이하듯, 그의 교회와 연합하시기 때문이다.[79]

카바질라스에 따르면, 결국 신화(déification)는 교회론적 전망 안에 통합된다. 하느님께로 가는 길은 바로 교회와 성사다. 교회는 온전히 그리고 실제로 그리스도의 몸이기 때문이다.

---

79 위의 책, p. 106-109.

카바질라스가 헤지카스트 영성의 맥락에서, 더 구체적으로는 마카리오스의 인간론의 맥락에서 바울로 성인이 사용한 이미지를 차용하고 있음에 주목하자. '머리'가 아니라 '마음(Καρδία)'이야말로 몸의 으뜸가는 기관이고 지성의 자리가 아니겠는가? 또한 카바질라스는 모든 교회적 삶의 유일한 원천을 더욱 잘 표현하기 위해서, 과감하게도 "교회의 머리 되시는 그리스도"라는 바울로의 이미지를 "교회의 심장(마음)이 되시는 그리스도"라는 이미지로 보충한다.

> 생명의 빵은 그 어떤 거룩한 전례보다도 완전하게 우리가 그리스도의 지체가 되게 해준다. 왜냐하면 몸의 지체들이

▲ 블디미르 왕자의 세례
15세기(사본), 러시아 과학 아카데미 도서관, 페테르부르그

머리와 심장(마음)에 의해서 살아가듯이 (머리와 심장 되시는) 주님도 "나를 먹는 사람은 나를 통해 살 것이다"라고 말씀하시기 때문이다. 심장과 머리의 일반적인 역할이 그렇듯이, 우리는 아무것도 아니고 그래서 우리가 사는 것은 주님 자신이 사는 것과 같다. 심장과 머리가 지체들에게 생명을 공급해 주듯이 그분은 우리에게 생명을 부여해 주신다.[80]

그리스도 안에서 살고자 결심한 사람이면 누구나 반드시 이 심장과 머리에 의존해 있어야 한다. 그 어떤 다른 것으로부터 우리에게 생명이 오는 것은 아니기 때문이다. 우리의 지체는 언제나 깨끗하게 보존되어야 한다. 그것은 그리스도의 지체이기 때문이다. 그리스도이신 이 심장에 의존

---

80 S. Salaville, dans le *Dictionnaire de Spiritualité*, article "Cabasilas", col. 7.

생명의 빵(최후의 만찬) ▲
12세기, 바토페디 수도원, 아토스

되어 있는 우리는 그분과 같은 감정, 같은 의지를 가져야만 한다.[81]

이렇듯 헤지카스트들이 세례 은총에 의지하여 그 영을 마음으로 돌아오게 하고 그곳에서 하느님을 발견하듯이, 교회라는 몸의 지체인 모든 그리스도인은 심장이신 그리스도를 따라야 한다.

콘스탄티노플의 멸망 이후에도 동방에서 헤지카스트 전통은 사라지지 않았다. 그 규범의 단순하고도 직접적인 특징 덕분에 이 전통은 학교도 저술도 교육받은 성직자도 없었지만

81 위의 책, col. 8.

팔라마스 이후의 헤지카즘 181

▲ 성모 마리아와 아기 예수
9세기(모자이크), 성 소피아 대성당, 이스탄불

무려 4세기 동안이나 지속된 이슬람의 통치 아래에서도 정교 영성의 보화를 지켜 냈다.

아토스 성산은 종교적 삶의 핵심으로 계속 이어져 왔고, 그곳의 수도원 도서관은 당시 흔치 않았던 교부학자들에게 가장 핵심적인 교부 문헌을 제공해 주었다. 바로 이곳에서 '그리스인 막시모스'라는 이름으로 16세기 러시아에서 아주 유명해진 막시모스 트리볼리스와 아토스 성산의 니코데모스(1748-1809)와 같은 이들이 '순수기도'에 입문했던 것이다.

대학자이자 대작가였던 아토스 성산 성 디오니시오스 대수도원의 수도승 니코데모스는 헤지카즘의 역사에서 특별한 지위를 차지한다. 고린토의 주교 마카리오스와 협력하며 그는

1782년 베니스에서 『필로칼리아』(Philocalie des Pères neptiques)[82]라는 제목이 붙은 '순수기도'에 관한 교부 문헌 선집을 출판했다. 바로 이 선집을 통해서 현대 세계는 '예수 기도'의 전통을 알게 되었다. 지난 몇 십 년 동안 헤지카스트 전통을 다룬 아주 세부적인 연구들이 있기 이전에 『필로칼리아』는 동방 수도승들과 서방의 학자들이 에바그리오스, 마카리오스, 헤지카스트 니케포로스의 영적 저술을 접할 수 있었던 주된 원천이었다. 니코데모스의 이 선집은 비평적인 면에서는 아직도

---

[82] 『필로칼리아』, 전 5권, 엄성옥 역, 은성출판사.

▲ 성 니코데모스
  1749년~1809년, 7월 14일(축일)
◀ 성 디오니시오스 대수도원, 아토스

해결해야할 많은 문제를 남겨 놓았지만, 슬라브어와 러시아어로 (많은 보충 본문과 함께) 번역되어 19세기 러시아와 그 밖의 다른 정교 국가의 헤지카스트적인 영적 대각성의 원천이 되었다.

매우 개방적인 정신의 소유자요 지칠 줄 모르는 수집가였던 니코데모스는 모든 문헌을 뒤져 가며 동방에서 '끊임없는 기도' 수행을 되살려낼 수 있는 본문들을 찾아냈다. 이렇게 해서 그는 로렌조 스쿠폴리(1530-1610)의 『영적 투쟁』(*Combattimento spirituale*)과 성 이냐시오 로욜라의 『영신 수련』(*Exercices spirituels*)과 같은 서방의 저술 안에서도 이 기도를 발견해 낼 수 있었다. 그는 저자의 이름을 거명하지 않은 채 원제목만 그리스어로 번역하여 이 저술들을 출판하였다.[83]

니코데모스는 분명 이 16세기 서방의 저술들과 사막 교부들의 영성을 대립시키는 몇몇 차이점을 간파할 만한 충분한 비평 능력을 갖추고 있었다. 하지만 그는 서방의 이 저술들을 출판했고, 그를 통해서 이 '끊임없는 기도'가 다양한 역사적 형식에도 불구하고 모든 참된 영성에 고유한 요소였음을 밝혀, 이 기도 수행의 보편성을 확증해 보이고 싶었던 것이다.

서방 저자들에 대한 그의 관심과는 별도로 아토스 성산과 전체 정교회 안에서 니코데모스는, 동방 교부들에만 기초하여, 될 수 있는 한 자주 성체성혈을 모셔야 한다는 사상의 주

---

[83] *Aoratos Polemos*, Venise, 1796 ; *Pneumatika gymnasmata*, Venise, 1800.

```
ΕΙΣ ΔΟΞΑΝ ΠΑΤΡΟΣ ΥΙΟΥ
ΚΑΙ ΑΓΙΟΥ ΠΝΕΥΜΑΤΟΣ ΤΟΥ ΕΝΟΣ ΘΕΟΥ.
ΒΙΒΛΟΣ  ΤΩΟΝΤΙ  ΨΥΧΩΦΕΛΕΣΤΑΤΗ
ΚΑΛΟΥΜΕΝΗ
ΓΥΜΝΑΣΜΑΤΑ ΠΝΕΥΜΑΤΙΚΑ.
ΔΙΑΜΟΙΡΑΣΜΕΝΑ ΕΙΣ ΜΕΛΕΤΑΣ, ΕΞΕΤΑΣΕΙΣ,
ΚΑΙ ΑΝΑΓΝΩΣΕΙΣ.

Ἅπερ μηδὲν ἄλλο ὅτι πλεῖστα, καὶ ἀφαιρέσεσι, καὶ ἀλλοιώσεσι
καὶ ἐπιδιορθώσει, καὶ μετ' ἐπιμελείας διορθωθέντα, καὶ σημειώμασι
διαφόροις καταγλαϊσθέντα παρὰ τοῦ Ὁσιολογιωτάτου ἐν Μοναχοῖς
ΚΥΡΙΟΥ ΝΙΚΟΔΗΜΟΥ.
ΝΥΝ ΠΡΩΤΟΝ
Τύποις ἐκδοθέντα διὰ φιλοτίμου δαπάνης, καὶ σπουδαίας
ἐπιστασίας τοῦ τιμιωτάτου, καὶ χρησιμωτάτου
ΚΥΡΙΟΥ ΔΗΜΗΤΡΙΟΥ ΚΑΡΥΤΖΙΩΤΟΥ
ΤΟΥ ΕΚ ΠΕΛΟΠΟΝΝΗΣΟΥ.

Εἰς κοινὴν ἁπάντων τῶν Ὀρθοδόξων Χριστιανῶν ὠφέλειαν,
καὶ σωτηρίαν.

ΕΝΕΤΙΗΣΙΝ, 1800.
ΠΑΡΑ ΝΙΚΟΛΑΩ ΓΛΥΚΕΙ ΤΩ ΕΞ ΙΩΑΝΝΙΝΩΝ.
CON LICENZA DE' SUPERIORI.
```

창자가 되었다. 이 점에 있어서도 그는 그야말로 헤지카스트 전통 위에 서 있었다. 바로 이런 관점에서 그는 『자주 성체성혈을 모셔야 함에 대하여』(*De la communion fréquente*, Venise, 1783)라는 소책자를 출판했다. 이 소책자는 어떤 이들의 격렬한 반대를 불러일으키기도 했지만 결국 공인되었다. 1819년 8월에 열린 콘스탄티노플 주교회의의 공식적인 결정은 신자들이 성

▲ 성 이냐시오 로욜라의 『영신 수련』
성 니코데모스 판본

만찬 전례가 있을 때마다 특별히 매 주일, 성체성혈을 모셔야 한다는 원칙을 승인함으로써 이 논쟁에 종지부를 찍었다.[84] 결국 니코데모스는 비교적 최근인 1955년 5월 31일 콘스탄티노플 총대주교가 그의 시성 칙령을 발표함으로써 성인으로 공경 받게 되었다. 그의 글들은 오늘날 대단한 인기를 누리고 있다. 『필로칼리아』 3판이 최근 아테네에서 출간되었고 '조이 형제회'와 같은 가장 활발한 영적 운동 단체들은 자주 그의 권위에 호소하곤 하며, 특별히 자주 성체성혈을 모셔야 한다고 권면할 때마다 그를 거론한다. 니코데모스의 저작은 그리스의 헤지카스트 전통의 역사뿐만 아니라 전 세계 정교회 안에서도 매우 중요하다. 그와 동시대인인 파이시 벨리츠코프스키(1722-1794)는 슬라브 국가들 안에서 그의 저작을 유명하게 만들었다.

우크라이나 출신으로 아토스의 수도승이 된 파이시는 아토스 성산에 오늘날까지도 존속하고 있는 '엘리야 예언자 스키티'를 세웠다. 이 스키티는 아토스 성산 안에 존재하는 주요한 러시아 수도원 중 하나다. 후에 그는 몰다비아의 네암트(Néamt)로 가서 정착했다. 러시아의 많은 수도승, 평신도와 교류하면서, 그는 루마니아와 러시아에서 대대적으로 헤지카스트 전통을 회복시켰다. 옵티나(Optino)의 첫 '스타레즈'들은 파이시 수도승과의 개인적인 관계를 통해서 '예수 기도'를 배우

---

84 Mansi-Petit, *Collectio conciliorum*, XL, 82.

고 입문하게 되었다. 하지만 네암트의 위대한 '스타레츠'인 파이시의 주된 업적은 니코데모스의 『필로칼리아』를 슬라브-러시아어로 번역하여 출판한 일이다. 『필로칼리아』의 슬라브-러시아어 번역판은 1793년 『도브로톨류비에』(*Dobrotolijbié*)라는 제목으로 상트페테르부르크에서 출판되었다.

더 나아가 파이시는 인쇄된 『필로칼리아』 본문을 사용하는 데 만족하지 않고, 직접 교부들의 문헌 사본을 참고하여 니코데모스가 누락시킨 저작들, 특별히 그리스어 『필로칼리아』에는 없는 그레고리오스 팔라마스의 여러 저작까지 추가하여 러시아어로 번역하였다. 그 밖의 파이시의 여러 번역은 아직까지도 출판되지 않은 것들이 있다.

파이시의 저작은 러시아에서 사본으로 혹은 인쇄본으로 폭넓게 보급되었다. 우리는 『러시아 순례자 이야기』(*Récits d'un pèlerin russe*)의 주인공이 2루블에 『도브로톨류비에』 한 권을 샀다는 것을 알고 있다. 옵티나의 수도승들은 교부 문헌에 대한 새 번역 작업을 준비하는 데 이 『필로칼리아』 번역을 사용했고, 은둔자 테오판은 러시아어 『필로칼리아』 확대 개정판을 출판했다. 이 확대 개정판은 오늘날까지도 러시아 수도승들의 가장 선호하는 영적 양식이 되고 있다. 마지막으로 진정한 '필로칼리아 르네상스'가 오늘날 루마니아에서 일어나고 있으며 루마니아어로 된 『필로칼리아』 확대판이 현재 출판을 기다리고 있다.

러시아의 헤지카스트 전통

파이시 벨리츠코프스키가 이룬 성과 훨씬 이전부터 러시아 수도원에서는 헤지카즘이 실천되고 있었다. 우리는 이와 관련하여 14세기 이전 상황에 대한 구체적인 정보를 가지고 있지는 않다. 10~12세기에 이르는 키예프 시대의 러시아 수도 운동에 대해서 우리가 알고 있는 바로는 이 시대의 수도 운동은 콘스탄티노플의 스투디오스 회수도원 전통과 밀착되어 있었기 때문이다. 몇 차례에 걸친 몽고의 침입으로 러시아 그리스도교의 초기 몇 세기에 관한 문헌들은 거의 소실되어 우리에게 남아 있지 않지만, 이 시기에 북쪽에 있는 나라들에서 성 요한 클리막스의 전통이 아무런 열매도 거두지 못했다고 볼 수는 없다.

반대로 우리는 14, 15세기에 헤지카스트 전통이 폭넓게 러시아에 정착했다는 수많은 증언을 가지고 있다. 이 시기에 비잔틴의 영적 유산을 받아들인 새로운 국가 불가리아와 세르비아에서는 비잔틴 문헌이 많이 번역되었다. 이 번역서들은 대부분 러시아에까지 전해졌다. 아토스 성산, 그 중에서도 특별히 슬라브 출신 수도승들이 헤지카즘의 위대한 스승들과 직접적인 관계를 맺을 수 있었던 아토스 산의 힐란다리 세르비아 대수도원에서, 그리고 시나이의 그레고리오스가 불가리아에 와서 세운 파로리아(Paroria)의 은수도처에서, 사막 교부

▲ 성 파이시 벨리츠코프스키
1722년~1794년, 11월 15일(축일)

들뿐만 아니라 보다 최근의 헤지카스트 박사들에 이르기까지 대대적인 저술 번역과 주석 작업이 행해졌다.

결국 비잔틴 제국의 정치적 쇠락에도 불구하고 14세기 후반 팔라마스의 제자였던 세계총대주교 이시도로스, 칼리스토

스, 필로테오스(Philothée)는 팔라마스 사상의 보급에 심혈을 기울였고, 그들이 전체 정교회에 기울인 열정 덕분에 슬라브 국가들에서 전에 없는 성과를 이룰 수 있었다.

종종 사람들은 '러시아 신비주의'가 과연 비잔틴 헤지카즘의 직접적인 계승이라고 할 수 있을지 의심하기도 했다. 몇몇 러시아 저자는 이 신비주의가 러시아 민중의 혼이 빚어 낸 것이라며 그 독창성을 입증하고 싶어 했다. 이 관점은 종종 서방 신학자들에게서 기대하지 못했던 지지를 얻곤 했다. 서방 신학자들은 비잔틴 헤지카즘을 배우지 못한 수도승들의 오류일 뿐이라고 격하시키곤 했지만, 최근 세기 러시아에서 누구도 부정할 수 없는 진정한 성성(聖性)이 발현되고 있음을 결코 부인할 수 없었고, 그래서 그 성성의 독창적 특징을 확립해 보려는 경향들을 가지고 있었다. 우리에게도 헤지카즘이 러시아에서 일종의 새로운 특수성을 얻게 되었다는 사실만큼은 이의를 제기할 수 없는 것 같다.

신학적 사변에는 관심을 덜 가지고 있었던 러시아 성인들은 종종 일종의 우주적인 서정성을 가지고 헤지카스트 신비 영성을 인간화했다. 그들은 그리스인들보다 훨씬 더 은둔 수도 운동의 사회적인 의미를 강조하였다. 그럼에도 불구하고 영적 전통은 그 본질적인 내용에 있어서 철두철미하게 같은 것이었다. '지성적 기도'를 추구하는 러시아 수도승들은 그리스 교부들 말고는 다른 어떤 원천에도 기대지 않았고, 또 그들은 아주 폭넓게 그리스 교부들의 가르침을 접할 수 있었다. 우리는 14세기부터 이미 수많은 번역서가 그들의 손에 들어왔다는 사실을 언급했다. 이 전통은 파이시 벨리츠코프스키에 의해서 계승되었고, 러시아인들은 19세기에 이미 그들의 고유 언어로 된 거의 완벽한 교부 문헌 총서를 가질 수 있게 되었다. 다른 모든 현대 유럽 언어 중에서 러시아어는 아마도 가장 많은 그리스 교부 번역서를 가지고 있는 언어일 것이다. 19세기 말 정교 신학이 러시아에서 명실상부하게 부흥된 이래로 상당히 많은 신학자들이 14세기 팔라마스 신학과 관련된 교리적 결정이 갖는 중요성을 알아차렸다. 이 결정들은 사실 동방 그리스도교의 위대한 영적 전통에 대한 신실하고도 없어서는 안 될 필수적인 표현이었고, 그리하여 현대를 교부 시대와 유기적으로 묶어 주었다.

우리는 14세기 말, 영적 재부흥이라는 포부를 가지고 비잔틴을 떠난 헤지카스트들이 러시아에 도착한 구체적인 정황 정보를 가지고 있다. 그들 중 가장 잘 알려진 인물은 키예프의 관구대주교 키프리아노스(1390-1406)다. 그는 불가리아에서 시나이의 그레고리오스의 제자들로부터 헤지카즘을 알게 되었다. 러시아의 특수 상황에 맞는 아주 특별한 방식으로 키프리아노스의 프로그램은 사회적 문제에 대해 목소리를 높였다. 그는 이렇게 선언한다.

> 수도승이 토지와 하인을 소유하는 것은 교부들의 전통에는 없는 일이다. 이 세상 복을 다 부인하고 나서 어찌 다시 세상사를 끌어들일 수 있겠는가?[85]

이렇게 헤지카스트들은 서방의 탁발 수도회의 예처럼 수도원적 가난을 설파하면서 15세기 러시아 땅에 들어왔다. 사실 이때 러시아에서는 중세 서유럽과 마찬가지로 교회와 수도원이 막대한 토지를 소유하고 있었고 기부와 각종 특권을 부여

---

85 *Actes historiques*, I, Saint-Pétersbourg, 1841, n° 253.

받으면서 끊임없이 비대해져가고 있었다.

키프리아노스의 설교는 특별히 헤지카스트 영성이 이미 존재하고 있던 북부의 수도원들에서 급속하게 지지자를 확보했다. 14세기 러시아 수도 운동의 위대한 창시자였던 성 세르기오스와 그의 많은 제자들은 실제로 예수 기도 수행을 이미 알고 실천하고 있었다. 세르기오스가 오늘날의 자고르스크(Zagorsk)에 세운 삼위일체 대수도원의 풍부한 도서관은 14세기의 것인 시나이의 그레고리오스의 저작 번역서를 보유하고 있다. 다른 한편 많은 수도승이 아토스 성산을 순례했고 이곳에서 헤지카즘을 맛보았다. 이들 중에는 볼가 강 상류 넘어 북부 삼림지역인 벨루제로(Beloozero)의 성 키릴로스 수도원의 젊은 수도승인 닐 마이코프(1433-1508)도 있었다. 그리스에서 돌아온

▲ 성 삼위일체 세르기예프 수도원
세르기예프포사트, 러시아

닐 성인은 성 키릴로스 수도원에서 약 15킬로미터 떨어진 소라(Sora) 강가에 은수처를 세우고 이곳에서 한 무리의 제자들과 평생 헤지카스트 영성을 실천했다.

15세기 말 러시아는 전체 유럽에서와 마찬가지로 역사의 새로운 시기를 맞았다. 중세는 결정적으로 물러났고, 동방에서는 비잔틴 신정주의 체제에 의해 실현된 바 있었던 하나의 종교적 이상이 그 동안 사회적 삶에서 차지해 왔던 본질적인 역할을 포기하게 된 새로운 시대가 도래한 것이다. 러시아에서는 여러 환경으로 인해 이 역사적 전환이, 분열된 여러 지역 국가들이 하나의 중앙집권화된 국가로 통일되는 것과 동시에 일어났다. 이 중앙집권 국가는 모스크바의 전제적 국왕을 머리로 삼게 되고, 이 전제적 국왕은 스스로를 동로마 황제들의 합법적인 계승자로 자처하게 된다. 충분히 강조되지 않는 것이지만 사실 모스크바 국가는 중세적 국가가 아니었다. 이 국가 수장들의 정치적 이상은, 교회의 교리와 법에 복종하고자 했던 비잔틴 신정주의 체제보다는 마키아벨리 사상과 당시 유럽에 존재했던 전제정치 체제에 더 뿌리를 둔 것이었다.

이 근대 러시아 국가의 눈에 교회의 막대한 부는 분명 시대착오적인 것이었다. 국가의 삼분의 일을 점하고 있던 수도원 토지들은, 군사와 관료에게 보상해 주어야 할 토지가 절대 부족했던 국가로서는 탐나는 대상이 아닐 수 없었다. 그래서 대국왕들은 국가 이익을 위해 교회 재산에 대한 부분적인 환속에 착수한다. 하지만 그들은 가장 전통적인 진영의 성직자들과 수도승들에게서 격렬한 저항을 만났다. 이들은 비잔틴적 이상이 영속되리라 믿었고, '모스크바, 제 3의 로마'라는 사상을 지지했다. 모스크바 국왕들이 진정으로 비잔틴 황제들의 영적 유산을 물려받았다고 주장한다면, 비잔틴의 선황(先皇)들이 그랬던 것처럼 교회의 권리를 보장해 주어야 마땅하지 않는가? 러시아의 신정주의 체제 안에서 사회 구제와 교육을 거의 혼자서 다 감당해 왔던 교회로서는 토지와 하인들이 필수적이지 않는가?

교회 재산 보호론자 중에서 으뜸가는 사람은, 볼로크의 조시프라는 학식 있는 수도원장이었다. 그는 전체적으로 베네딕투스 규칙과 매우 유사한 스투디오스 규칙에 따라 매우 엄격한 수도원 규칙을 세웠다. 따라서 개인의 유익을 위해 물질적 부를 누리고 있다고 이 수도원 수도승들을 비판할 수는 없었다. 그들은 어떤 것이든 개인적인 소유를 다 포기했다. 하지만 공동체는 엄청나게 부유했고 이를 통해서 사회적 역할을 담당할 수 있었다. 사회 구제, 복음 설교, 사회적 활동 등은 마땅히 수도승이 해야 할 일이라고 조시프는 생각했다.

우리는 여기서 조시프와 그 제자들이 국가와 대립했던 이 갈등의 역사를 자세하게 다룰 수는 없다. 다만 대(大) 국왕들은 자신들의 정치를 충실하게 지지해 준 조시프의 편에 어느 정도 양보하기 시작했다. 게다가 조시프는 진심으로 모스크바

의 중앙집권주의야말로 비잔틴 제국의 신정주의적 이상을 다시 구현할 수 있게 해 줄 수단이라고 생각했다. 하지만 16세기부터 18세기까지 러시아 교회는 점차적으로 부동산을 잃게 되었고 급기야 카테리나 2세에 의해서 거의 모든 재산이 완전

성 닐 소르스키 ▲
1443년~1508년, 5월 7일(축일)

히 국가에 귀속되었다. 교회의 재산은 국가가 성직자들에게 주는 현금 지급으로 대체되었다. 조시프의 진정한 사회적 이상은 이렇게 모스크바 권좌에 대한 지나친 신뢰 때문에, 특히 그와 그의 제자들이 역사의 의미에 대한 참된 이해를 결여했기 때문에 결국 역사적 실패로 돌아갔다.

우리가 헤지카스트 진영에게로 시선을 돌리게 되면 사태는 더욱 더 흥미로워진다. 그들은 처음부터 역사적 우연들로부터 독립된 영속적인 이상을 통해서 다가오는 근대 세계를 더욱 명확하게 볼 수 있었고 그래서 그것과 맞설 수 있었다. 우리에게 전해져 오는 소라의 닐 성인의 글들은, 비잔틴 헤지카스트 전통에 대한 절대적 충실성과 닐 성인 개인뿐만 아니라 후대 러시아 성인들의 고유한 특징이 될 놀라운 영적 단순성을 드러내 주는 전형을 보여준다.

우리가 인용할 첫 번째 본문은 '대 스타레츠' 닐의 『제자들에게 주는 교훈』(*Instruction à ses disciples*)이 그 출처다.

> 우리 하느님 주 예수 그리스도의 은총과 지극히 정결하신 성모님의 도우심으로, 내 영혼과 모든 성직자의 영혼과 나와 같은 삶을 살고 있는 나의 형제들에게 유익하길 빌며, 나는 이 글을 적는다. 나는 그대들을 제자가 아니라 형제라고 부른다. 우리에게는 오직 한 스승, 하느님의 아들이신 주 예수 그리스도밖에 없기 때문이다.(마태오 23:8) 그분은 우리에게 거룩한 성경을 주셨다. … 나는 아무런 자격도 없다.

나는 다만 이 거룩한 성경 말씀을 받아 구원받기를 원하는 사람들에게 선포할 뿐이다. …

우선 믿음에 대해 말해 보자. 나는 성부, 성자, 성령, 동일한 본질이시고 나뉘지 않으시며 삼위일체로 영광 받으시는 한 분 하느님을 믿는다. 나는 하느님의 아드님의 육화를 믿는다. 나는 그분이 완전한 하느님이고 완전한 사람이었다고 고백한다. 나는 내 영혼을 다해 거룩하고 보편적이며 사도적인 교회에 의지한다. 나는 교회가 주님과 거룩한 사도들에게서 받은 모든 교리들을 믿음과 사랑으로 받아들이고 공경한다. …

나는 하느님이 우리에게 사람들을 보내주셨다고 믿기에 성인들의 전통과 하느님의 계명을 지켜나가고 거룩한 교부들의 가르침을 실천해 나가는 것이 마땅하다고 생각한다.

닐 성인이 정통 신앙에 대한 확고한 신뢰와 함께 수도 생활의 본질적인 조건으로 생각하는 또 다른 하나는 바로 가난이었다.

거룩한 교부들은 우리에게 이 엄격한 계명을 남겨주었다. 주님과 지극히 정결하신 성모님은 우리의 일용할 양식과 그 밖의 필요를 우리 자신의 노동을 통해서 공급해 주신다. "일하기 싫어하는 자는 먹지도 말라"(II 데살로니카 3:10)고 사도는 말한다. 우리의 건강이나 그 밖의 합당한 이유가 우리 자신의 필요를 공급하는 것을 허용하지 않을 경우, 우리는 필요 이상을 가지지 않는다는 조건으로 적선을 받을 수 있다. 다른 이들의 강제 노동에서 나오는 이익을 얻는 것은 결코 우리에게 유익한 것일 수 없다. 그렇지 않고는 어찌 우리가 "너를 재판에 걸어 네 속옷을 가지려는 자에게는 겉옷까지 내주어라"(마태오 5:40)라는 주님의 계명에 충실하게 머물 수 있겠는가? 필요한 것을 사고 팔 때, 또 우리가 만든 수공품을 팔 때, 우리는 우리의 형제들에게 해를 끼쳐서는 안 된다. 차라리 우리가 손해를 보는 것이 좋다. 일반 신자가 우리 수도원에서 일한다면 그들의 삯을 주지 않으려고 해서는 안 되며 오히려 기꺼이 그들의 삯을 주어서 마음 편하게 돌아가도록 해주어야 한다. …

그렇다면 수도승들은 스스로 자선을 베풀기 위해서라 할지라도 재산을 모아 두어서는 안 된다는 말인가? 닐 성인은 분명하게 '그렇다'라고 대답한다.

수도승은 수도승일 뿐이다. 그는 적선을 할 수 없다. 그는 솔직하게 "저희는 모든 것을 버리고 스승님을 따랐습니다"(마태오 19:27)라고 말할 수 있어야 한다. 수도승의 자선은 필요하다면 언어를 통해서 형제들을 돕는 것이고 불행 속에 있는 형제에게 영적인 생각을 통해 위로해 주는 것이다.

그러므로 닐 성인의 수도 운동은 그 초기부터 예언자적 특성을 간직하고 있었고 삶의 모든 면에 적용된 복음적 가난을 증언해 주었다. 소라의 은수도승은 모든 부(富)를 심지어 교회를 꾸미는 데 사용되는 것까지도 반대했다.

교회를 꾸미는 것과 관련하여 성 요한 크리소스토모스는 이렇게 썼다. "만약 교회에 성물이나 여타 다른 장식품들을 바칠 생각을 가진 사람이 있다면 그것을 가난한 사람들에게 주라고 권면하라." 계속해서 그는 "교회를 꾸미는 데 기부하지 않았다고 해서 정죄 받은 사람은 없다"라고 말한다.[86]

닐 성인이 자신의 은수처를 위해 작성한 규칙은 그리스 교부들, 특히 요한 클리막스에게서 많은 영감을 받았고, 그를 많이 인용했다. 그 밖에도 그는 헤지카즘의 또 다른 대(大)스승들, 니느웨의 이삭, 신신학자 시메온, 시나이의 그레고리오스 등도 많이 인용한다. 가령 금식과 같은 경우는 다만 그것의 필요성만을 언급하는 것으로 만족하는 등 세부적인 형식을 피하고, 외형적 실천과 관련해서는 수도승들에게 폭넓은 자유를 부여하면서, 그는 정복해야 할 정념과 악덕에 대한 고전적인 목록들을 제시한 후 그들의 관심을 예수 기도에 집중시킨다.

영의 침묵을 추구하고 모든 생각들 심지어는 온당하다고 여겨지는 생각까지 모두 피하고 끊임없이 마음 깊숙이 침잠하여 "주 예수 그리스도, 하느님의 아들이여, 나를 불쌍

---

86 Texte original de l'Instruction, publié par M. Borovkova-Maikova, dans le *Pamjatniki drevnej pis'mennosti*, Moscou, 1912, p. 1-9.

히 여기소서"라고 말해야 한다. 때로는 "주 예수 그리스도여, 나를 불쌍히 여기소서"라고 보다 짧게 말할 수도 있다. 또는 "하느님의 아들이여, 나를 불쌍히 여기소서"라고 바꾸어 기도할 수도 있다. 시나이의 그레고리오스에 따르면, 이 마지막 기도문이 초보자에게는 가장 쉽다고 한다. 하지만 기도 형식을 너무 자주 바꾸어서는 안 되고 다만 가끔씩만 그래야 한다고 그는 권면한다. 신신학자 시메온과 시나이의 그레고리오스의 권면에 따르면, 집중해서 이 기도를 반복하여 드릴 때 그대는 서 있거나 앉아 있거나 심지어 누워 있거나 상관없이 가능한 한 호흡을 잘 붙잡아야 한다. 그래서 너무 자주 호흡하지 않도록 해야 한다. 모든 생각을 버리고 뜨거운 열망과 간절한 기대와 인내를 가지고 주 예수를 부르라. 시나이의 그레고리오스는 또 말한다. 악한 영들의 불순함, 다시 말해 잡념이 그대 영 안에 나타나거든 그것에 어떤 관심도 주지 말고 다만 호흡을 붙잡고 영을 마음에 가두어 두면서 흐트러짐 없이 계속해서 주 예수를 부르라. 그러면 그것들은 보이지는 않는 하느님 이름의 불꽃에 데어 도망쳐 버릴 것이다. 신신학자 시메온이 말한 대로, 헤지키아는 마음에서 주님을 찾는 것이다. 다시 말해 자신의 마음을 기도 안에 간직하는 것이고 끊임없이 기도 안에 머무는 것이다.[87]

우리는 여기서 13, 14세기 비잔틴 헤지카스트 기도 방법의 여러 규칙을 재발견한다. 닐 성인은 끊임없이 그들의 저작과

---

87 *Régle*, Chapitre 2, 위의 책, pp. 23-24.

삶의 방식을 참고한다. 특별히 그는 은수처에 입회 가능한 수도승의 숫자는 몇 명이 적당한가라는 문제와 관련하여 그들의 경험을 참고한다.

> 거룩한 교부들의 저작 도처에서, 우리는 한 명 혹은 두 명의 형제와 헤지키아를 실천하라는 권면을 발견한다. 게다가 아토스 성산과 또 황제의 도시(콘스탄티노플) 근방에서 우리 자신의 눈으로도 이를 확인한 바 있다.[88]

16세기 초반 모스크바의 대(大) 국왕들이 수도원 재산 환속 문제를 제기하여 대다수 성직자의 강한 반발에 부딪혔을 때, 그들은 닐 성인과 그의 제자들에게서 전혀 기대하지 않았던 지지를 발견했다. '대(大) 스타레츠' 자신은 1505년 공의회에 단 한 번 나타나서 "수도승들은 마을을 소유해서는 안 되고", 다시 말해 농노의 노동을 이용해서는 안 되고 오직 "자기 자신의 노동으로 살아가야 한다"고 주장했다. 그는 '볼가 강 건너편'의 스타레츠였던 쟁쟁한 제자들의 동의를 얻었다. 그들은 수도원적 가난과 함께 그리스도교의 가장 본질적인 측면인 종말론적 관점을 옹호했다. 부와 특권을 부여받은 러시아 교회가 '제 3의 로마'라는 신정주의 체제의 틀 안에 안주해 가고 있던 이 시기에, 이 수도승들은 이 종말론적 삶의 전통적인 증인들이었다. 왜냐하면 '볼가 강 건너편 사람들'은 점점 부자

---

88 위의 책, chap. II, p. 89.

가 되어 가는 교회가 세속 권력과 강력하게 결합되어 가는 것을 느꼈기 때문이다. 그래서 그들은 적극적으로 최대한 교회를 (세속 권력으로부터) 독립시키려 했다. 그들은 아토스 성산의 학식 있는 수도승 그리스인 막시모스의 굳은 지지를 얻었다. 그는 동방교회 수도승이 되기 전 플로렌스의 도미니크 수도회 수도사였고 사보나롤라의 제자였다. 막시모스는 이렇게 썼다.

> 대(大) 테오도시오스의 제국 권력도 두려워하지 않았던 하느님의 주교 대(大) 암브로시우스 같은 분을 나는 보지 못한다. 가르침을 통해 폭군 발렌티우스를 두려워 떨게 했고 거룩성과 지혜로 큰 명성을 누렸던 대 바실리오스 같은 분을 나는 보지 못한다. 탐욕스런 황후 에브도키아를 설복시켰던 위대한 성 요한 크리소스토모스 같은 분을 나는 보지 못한다.[89]

러시아 교회가 모두 닐 성인과 그 제자들의 권면을 따르지는 않았다. '볼가 강 건너편' 진영은 조시프가 주도한 일련의 공의회에 의해 선언된 여러 가지 보복으로 인해 완전히 몰락하였다. 하지만 그 유산은 결코 사라지지 않았다. 실제로 19세기 러시아의 영적 지도층은 아토스 성산의 니코데모스와 파이시 벨리츠코프스키를 통해 보다 혁신된 헤지카스트 전통을 다시 불러일으켰고, 이 헤지카즘이 새로운 세상과 정교회

---

89 *OEuvres de Maxime le Grec*, II, Kazan, 1860, 336-337.

▲ 옵티나 수도원
코젤스크, 러시아

전통을 이어 주는 생명줄임을 발견했다.

19세기 초 알렉산드로스 1세의 광대한 러시아 여러 곳에서 파이시의 제자들에 의해 혹은 파이시의 간접적인 영향에 의해 촉발된 헤지카스트 수도 운동의 부흥이 관찰된다. 이 부흥의 물결 속에 아주 예외적인 중요성을 가지고 있는 두 가지 현상이 결부되어 있다. 하나는 옵티나(Optino) '스타레츠'의 연속적인 등장이고, 또 다른 하나는 근대 정교회 대(大) 성인들 중 독특하게도 혼자 동떨어져 있었던 사로브의 세라핌 성인의 존재다.

중앙 러시아의 코젤스크(Kozelsk)라는 소도시 근방에 위치한 16세기의 옛 은수처 옵티나는 17세기 말부터 거의 버려진 상

태였다. 그런데 모스크바 관구대주교였던 플라톤이, 자신의 교구를 순회 방문하다가 우연히 옛 수도승들의 은둔 수도처를 발견하고 크게 매료되었다. 그는 이곳에 수도 생활을 회복시키기로 결심하고 파이시의 제자였던 수도원장 마카리오스에게 몇 명의 수도승을 보내주도록 요청했다. 1821년 수도승들은 옵티나 가까이에 '세례자 요한의 참수 기념 은수처'를 새로 세웠고, 바로 이때부터 옵티나의 '스타레츠'들은 전 러시아에서 아주 예외적인 명성을 얻게 되었다.

'스타레츠' 제도는 결코 러시아만의 독특한 현상이 아니다. 은둔 수도 운동의 초기부터 이미 러시아의 스타레츠에 해당하는 '게론다' 혹은 '원로'를 중심으로 초보 수도승들이 모여

옵티나 수도원의 내부 ▲

들어 그들의 지도와 권면을 받고자 했다. 14세기의 헤지카스트들 자신도 '게론다'에 대한 순종을 균형 있는 영적 삶의 필수적인 조건으로 간주했다. 다른 한편, 팔라마스는 자신이 쓴 『아토스 성산의 선언』(Tome)에서 수도 성성(修道聖性 sainteté monacale)을 예언자적인 방식으로 이해한 관념을 발전시켜 자신의 역사 신학의 틀 안에 결합시켰다. 그것은 성성과 그 발현들을, 그 본질에 있어서, 다가올 하느님 나라의 선취로, 또 세례를 통해서 모든 그리스도인에게 주어졌지만 특별히 성인들 안에서 충만하게 실현된 하느님 나라로 이해하는 것이다. 성성에 대한 이러한 이해가 바로 옵티나의 스타레츠 현상을 가능케 했던 것이다. 그것은 말하자면 예언자적 사역이 교회 안에서 회복되고 다시 등장한 것이라고 말할 수 있다. 옵티나의 영적 교부들이 전형적으로 러시아적인 현상처럼 보이게 만드는 것은 그들 안에서 고대의 헤지카스트적 예언자주의가 19세기 한가운데서 소명에 이끌리어 나선 초보 수도승들뿐만 아니라 영적 지도를 바라는 수많은 평신도의 무리를 끌어들인 강력한 능력과 진정성을 가지고 다시 등장했다는 점일 것이다. 그리고 이 평신도의 무리 중에 우리가 잘 알고 있는 니콜라이 고골, 도스토예프스키, 코미아코프, 솔로비에프, 톨스토이 등이 끼어 있었던 것이다.

원로(스타레츠)의 눈에는 원로원 의원이건, 빈농이건, 학생이건 한결같이 다 영적인 치유를 필요로 하는 환자로 보였다. 어떤 이들은 자기 딸이나 아들을 결혼시켜야 할지, 어떤 직업을 가져야 할지, 일을 찾기 위해 이사를 해야 할지를 그에게 묻기도 했다. 한 농민은 자기 칠면조를 어떻게 키우면 좋을지 조언해 달라고 조르기도 했고 …. 결국 그는 해답을 얻어 갔다. 그를 가까이 모시는 사람들이 이를 보고 크게 놀라자 스타레츠는 이렇게 대답했다. "그의 인생 전체가 그 칠면조에 달려 있습니다."[90]

이렇듯 한 인간의 인생에 결정적일 수 있는 문제라면 그 어떤 것도 스타레츠는 무관심하지 않았다.

도스토예프스키는 소설 『카라마조프가의 형제들』에서 옵티나의 형태와 분위기를 아주 세밀하게 묘사했다. 사실 소설 속의 조시마 원로라는 인물은 당시 옵티나의 유명한 스타레츠 암브로시오스를 묘사한 것이었다. 사실 암브로시오스는 1873년에서 1891년까지 옵티나의 스타레츠 제도를 확립한 영적 스승 레오니드와 마카리오스의 후계자로 활약하였다. 조시마의 이미지 자체는 암브로시오스의 그것과 그렇게 썩 유사한 것은 아니다. '어머니 - 대지'의 이미지 같은 예에서 볼 수 있듯이, 낭만주의로 채색된 이런 이미지는 명백히 옵티나의 것은 아니었다. 도스토예프스키 자신도 이 은수처를 있는 그대로 묘사하였다고 주장하지 않았다. 어쨌든 중앙 러시아

---

90 S. Tchetverikoff, *L'ermitage d'Optino*, en russe, Paris, 1926, p. 76-77.

의 숨겨진 이 은수 수도원의 영적 아버지들이 러시아의 인텔리겐치아를 매료시켰다는 것은 부정할 수 없다. 이 사실만으로도 그들이 중심이 되었던 영적 부흥의 중요성이 분명히 드러난다.

옵티나의 '원로'의 계보에서 우리는 아주 다른 유형의 인물들을 보게 된다. 레오니드는 하층민 출신으로 일부러 아주 독특한 길을 걸었고, 마카리오스는 파이시 벨리츠코프스키 저작들을 출판하기 위해 모스크바대학 교수들과 함께 협력했던 인텔리겐치아로 인생의 말년에는 신학자 모임을 주도했던 중심인물이었으며, 암브로시오스는 신학생 출신이었다. 그들 사이의 통일성은 오직 예수 기도 전통에 대한 일관되고도 전적인 신뢰에 있었다.

그들은 대부분의 시간을 사람들을 섬기는 데 할애했다. 그들의 역할은 일반적인 영적 지도자 역할을 훨씬 뛰어넘는 것이었다. 그들은 특별한 은사의 소유자였다. 다시 말해 그들은 자신을 찾아오는 사람들의 구체적인 운명, 그들에 대한 하느님의 뜻을 직접적으로 아는 능력이 있었다. 그들의 사역이 지닌 구체적이고도 예언자적인 측면은, 종교를 보다 경직된 제도의 틀 안에서 이해하는 습관이 배어 버린 서방 그리스도인에게는 의심쩍어 보일 수 있다. 하지만 사실 스타레츠의 예언자주의는 결코 교회와 대립되지 않았다.

닐 소르스키는 자신의 『규칙』(Régle) 첫 부분에 신앙과 순종

에 대한 고백을 두지 않았던가? 마찬가지로 옵티나의 '원로들' 또한 자신의 삶을 통해, 모든 그리스도인이 이미 얻은 새 생명의 열매를 드러내 보인 것일 뿐이다. 그것은 바로 하느님을 더욱 친밀하게 아는 것이고, 그를 통해 인간을 아는 것이다.

이러한 성성 발현의 가장 현저한 예는 분명 세라핌 성인(1759-1833)이다. 쿠르스크의 한 공장주의 아들이었던 그는 열아홉 살에 수련 수도승으로 사로브의 수도원에 들어갔다. 스물일곱 살에 그는 수도 서원 삭발례를 받았고, 서른네 살에 사제 서품을 받았다. 1794년부터 1804년까지 십 년 동안 그는 숲속에서 과거 교부들의 저작을 폭넓게 읽으면서 알게 된 이집트의 성 파코미오스 수도 규칙을 세세한 것에 이르기까지 엄격하게 따르면서 혼자서 수도 생활을 했다. 곰, 늑대, 여우 할 것 없이 광대한 러시아 숲의 갖가지 야생동물이 그의 동료였고, 그가 자신의 노동으로 먹을 것을 해결하였다고 동시대 증인들은 전한다.

1804년 9월 12일 세라핌은 한 무리의 강도떼에 심하게 폭행당하여 기절한 채 그의 은수처에서 발견되었다. 하지만 그는 그 강도들에게 조금도 저항하지 않았고 그들이 재판받을 때 증언하기를 거부했다. 강도들이 가한 폭력으로 얻은 상처는 그의 건강을 크게 해쳤고, 그래서 몇 달 동안 요양해야만 했다. 건강을 되찾은 성인은 1804년부터 1807년까지 사막의 주상(柱上) 성자들의 수도 방식을 채택하였다. 1000일 동안 그는 식사 시간과 잠깐 동안의 휴식 시간을 제외하고 바위 위에 올라가 무릎 꿇고서 꼼짝 않고 밤낮으로 기도드렸다. 1807년부터 1825년까지 그는 수도원에 다시 들어와 살았다. 이 기간 동안 그는 몇 번 짧게 중단되기는 했지만 침대도 화로도 없는 수실에서 전혀 나오지 않았다. 수실에 있었던 것이라고는 '자애의 동정 성모' 성화와 그 앞에 놓인 등잔이 전부였다. 예수 기도를 중심으로 삼으면서 그는 일주간 단위로 사복음경을 완독하는 규칙을 가졌다. 월요일에 마태오 복음, 화요일에는 마르코 복음, 수요일에는 루가 복음, 목요일에는 요한 복음을

읽고, 금요일에는 성 십자가 예식, 토요일에는 모든 성인들을 위한 예식을 드렸다. 주일이 되면 그는 집전 사제가 그의 수실로 갖다 주는 거룩한 성체성혈을 받아 모셨다.

사로브의 성 세라핌 ▲

1825년 11월 25일 성모님이 알렉산드리아의 베드로 성인과 로마의 클레멘트 성인이 함께 발현하신 것을 본 후 그는 '원로(스타레츠)'로서의 사역을 받아들이고 자신의 수실에서 순례자를 맞이하기 시작했다. 그는 "나의 기쁨이여"라고 부르면서 순례자들을 맞이하였고 그들에게 그리스도인의 삶 전체의 목적은 바로 "성령을 얻는 것"이라고 가르쳤다. 이렇게 이 소박한 수도승은 영적 경험을 통해 연마된 신학적 탁견을 보여주었다. 끊임없는 기도를 통해 하느님의 아들이신 예수를 부를 때, 예수 그리스도는 성령의 현존을 통해서 자신을 드러내시고 이 두 위격(성자와 성령)의 하느님은 함께 우리를 성부 하느님과의 친밀한 관계로 인도한다는 것이다.

성 세라핌에 대한 수많은 일화들과 그의 가르침이 있지만 우리는 유명한 『모토빌로프와의 대화』(*Dialogues avec Motovilov*)에 나오는 한 구절만 인용하고자 한다. 바로 여기서 우리는 신신학자 시메온과 14세기 헤지카스트들이 경험하고 실천했던 것과 똑같은 '빛의 신비 영성'(*la mystique de la Lumière*)을 만난다.

> "그럼에도 불구하고 나는 어떻게 하느님의 영 안에 있다는 확신을 가질 수 있는지 이해하지 못하겠습니다. 어떻게 내가 내 안에서 그분의 현현을 알아볼 수 있겠습니까?"

세라핌 성인이 말씀하셨다.

> "내가 자네에게 이미 말한 것처럼 그것은 너무나 단순하다

네. 나는 자네에게 하느님의 영 안에 있는 사람들이 처하게 되는 상태에 대해 장황하게 말했네. 나는 또한 자네에게 우리 안에 그분이 현존하신다는 것을 어떻게 알아볼 수 있는지를 설명했네. 내 친구여, 그런데도 또 무엇이 필요한가?"

"스승님이 말씀하신 모든 것을 더 잘 이해하고 싶습니다."

"내 친구여, 우리 둘 다 지금 하느님의 영 안에 있다네. 왜 자네는 나를 쳐다보려 하질 않는가?"

나는 대답했다.

"나는 스승님을 쳐다볼 수가 없습니다, 스승님. 스승님의 두 눈이 빛을 발하고, 얼굴은 태양보다 더 눈부시게 되었습니다. 스승님을 보자니 내 눈이 너무도 아픕니다."

스승님이 말씀하셨다.

"조금도 두려워 말게나. 지금 자네도 나 못지않게 빛나고 있다네. 자네 역시 지금 하느님의 영의 충만 가운데 있단 말일세. 그렇지 않다면, 자네는 지금 자네가 보고 있는 대로 나를 볼 수는 없을 테니 말이야. 내게로 와 보게."

그는 내 귀에 대고 아주 낮은 소리로 말씀하셨다.

"우리에게 주신 무한한 선하심을 위해 주 하느님께 감사하게나. 자네가 잘 보았듯이, 나는 십자 성호조차 긋지 않았네. 생각으로, 내 마음속으로, 은밀하게 하느님께 이렇게 말하는 것만으로도 족했거든. '주님, 그가 당신의 영이 내려

오심을 그의 두 육안으로 분명히 볼 수 있게 만들어 주십시오. 당신은 찬란한 영광의 빛 속에서 제자들에게 나타나셔서 당신의 영을 부어주셨습니다.' 그러고 나자, 내 친구여, 자네가 보듯이, 주님은 이 불쌍한 세라핌의 기도를 즉각 들어 주셨다네. 우리 둘 모두에게 허락해 주신 이 놀라운 은사에 대해 우리가 어떻게 하느님께 감사드릴 수 있겠는가! 사막의 교부들조차도 이와 같은 현현과 그분의 선하심을 항상 경험하지는 못했다네. 이렇게 자기 자식들에게 한없이 부드러운 어머니처럼, 하느님의 은총은 성모님의 간구를 통해 자네의 죽어 가는 마음을 위로해 주신다네. 내 친구여, 그런데 어째서 자네는 나를 똑바로 보려 하지 않는가? 두려움 없이, 정직하게 쳐다보게. 주님이 자네와 함께 하실 것일세."

세라핌 스승님이 계속해서 말씀하셨다.

"… 만약 장차 올 기쁨의 맏물이 이미 똑같은 부드러움과 명랑함으로 우리의 영혼을 채워 준다면, 지상에서 슬피 우는 자들을 기다리는 하느님 나라의 그 기쁨에 대해서는 감히 무어라 말할 수 있겠는가? 내 친구여, 자네 또한 이 세상을 사는 동안 슬픔을 많이 겪었겠지. 그러나 보게, 주님이 이곳에서부터 자네를 위로하기 위해 보내신 기쁨을 말이야. 이제부터 열심히 일하고, 또 끊임없이 노력해서 점점 보다 더 큰 능력을 얻어야 한다네. 그래야 그리스도의 충만한 경지까지 이를 수 있는 게야. 그러면 지금 이 순간 자네가 느끼는 이 부분적이고 짧은 기쁨이 충만한 기쁨으로 나타나게 될 게야. 그래서 아무도 빼앗을 수 없는 형언치 못할 기쁨으로 우리들의 존재 전체를 넘치도록 채워 줄 걸세."[91]

19세기 내내 러시아에서 헤지카스트 전통은 다양한 문화 지층에서 매우 다양한 형태로 표출되었다. 학자 주교였던 은둔자 테오판은 현대 러시아어로『필로칼리아』확대 번역판을 출판했다. 기교와 방식이 독특한 그의 영적 가르침은 러시아 종교 문학에서 하나의 고전이 되었다. 다른 한편, 1860년경 그 유명한『러시아 순례자 이야기』라는 익명의 소설이 나와서 '마음 기도'(예수 기도)가 러시아에서 대중적인 호응을 받았음을 보여주었다. 소설은 이렇게 시작된다.

> 하느님의 은총으로 나는 한 남자요 그리스도인이지만, 행동으로는 크나큰 죄인이고 가장 낮은 계층 출신으로 끝없이 이곳저곳을 떠돌아다니는 몸 둘 곳 없는 순례자다. 가진 것이라고는 등 가방 하나와 마른 빵, 겉옷에 넣고 다니는 성경책이 전부다. 삼위일체 축일이 지난 후 스물네 번째 되던 주일, 나는 한 성당에 들어가서 예식에 참여하며 기도 드렸다. 봉독자는 데살로니카 신자들에게 보낸 사도 서신경을 봉독했는데, 그 중 이런 말씀이 있었다. "끊임없이 기도하라." 이 말씀은 내 영혼 깊숙이 관통하였다. 하지만 모두가 먹고 살기 위해서 많은 일을 해야 하는데 어떻게 끊임

---

91 Trad., V. Lossky, dans *La Théologie mystique de l'Eglise d'Orient*, Aubier, Paris, 1944, pp. 225-227.『동방교회의 신비신학에 대하여』, 박노양 역, 정교회출판사, 2019.

없이 기도하는 것이 가능할까 하는 의문이 들었다. 나는 성경책을 찾아보았다. 나는 내 귀로 들었던 말씀을 내 눈으로 똑똑히 읽었다. "끊임없이 기도하십시오."(Ⅰ데살로니카 5:17) "성령으로 충만해져 모든 일에 기도하십시오."(참고, 에페소 5:18) "어디서나 거룩한 손을 들어 기도하기를 바랍니다."(Ⅰ디모테오 2:8) 나는 깊이 생각해 보았지만 어떻게 해야 할지 몰랐다.[92]

그런데 어느 스타레츠가 그에게 다음과 같은 해법을 주었다.

"내적이고 끊임없는 예수 기도란 그분의 현존을 느끼며, 언제 어디서나 심지어 잠잘 때도 입술로 마음으로 지성으로 예수 이름을 계속해서 중단됨 없이 부르는 것입니다. 이 기도는 '주 예수 그리스도여, 나를 불쌍히 여기소서!'라고 말하는 것입니다. 이 이름 기도가 습관이 된 사람은 큰 위로를 받고 이 기도를 항상 드려야겠다는 필요를 느끼게 됩니다. 어느 정도 지나면 이 기도 없이는 살 수 없게 되고, 기도가 저절로 솟아 흐르게 됩니다. 이 기도를 어떻게 하면 배울 수 있을까요? 우리는 『필로칼리아』라는 제목의 이 책에서 그것을 배울 수 있습니다. 이 책은 스물다섯 명의 교부가 가르쳐 준 끊임없는 내적 기도에 대한 완전하고도 세부적인 지식을 담고 있습니다. 그것은 너무 유익하고 완벽해서 관상적 삶의 가장 중요한 안내자로 간주되며 복된 니케

---

[92] *Récits d'un pèlerin*, Trad., Jean Gauvain, Neuchâtel, 1943, p. 19. 이 책은 『이름 없는 순례자』라는 제목으로 가톨릭출판사에서 번역 출판되었다.

포로스가 말씀하신 것처럼 큰 어려움과 고통 없이 구원으로 인도해 줍니다."

"그러면 이 책이 성경책보다 더 위에 있는 것입니까?"하고 나는 물었다.

"아닙니다. 그것은 성경책보다 더 위에 있지도 더 거룩하지도 않습니다. 하지만 그것은 성경책 안에 신비로 남아 있는 모든 것을 더욱 빛나게 설명해 주는 유익한 책입니다."

스타레츠는 『필로칼리아』를 펼쳐서 신신학자 시메온의 한 구절을 선택하여 읽어 주었다.

"침묵과 고독 가운데 앉으라. 머리를 숙이고 눈을 감고 부드럽게 호흡하라. 머릿속으로 그대의 마음 안을 들여다보며 그대의 지성을 모으라. 다시 말해 그대의 생각을 그대의 머리에서 그대의 마음(가슴)으로 가져가라. 그리고 호흡에 실어 말하라. '주 예수 그리스도여, 나를 불쌍히 여기소서.' 낮은 목소리로, 혹은 단순히 정신으로 말이다."

이렇게 해서 나는 지금 온 세상보다 더 귀중하고 더 부드러운 이 예수 기도를 끊임없이 드리면서 지내게 되었다. 혹심한 추위가 나를 덮치면, 나는 보다 더 집중해서 이 기도를 드린다. 그러면 곧 몸이 더워진다. 만약 너무 배가 고프면 나는 더욱 열렬하게 예수 그리스도의 이름을 부른다. 그러면 더 이상 배고픈 것을 생각하지 않게 된다. 누군가 나를 해치려 들면, 나는 이 자비로운 예수 기도를 생각한다. 그러면 곧 분노나 고통이 사라지고 모든 걸 잊게 된다. 내 영은 지극히 단순한 상태가 되었다. 나는 하느님의 시간만을 기다리고 있다.[93]

이 순례자 이야기를 통해서 우리는 예수 기도가 단지 수도승만이 아니라 모든 그리스도인에게 권고되었다는 것을 알 수 있다. 이 익명의 저자가 그레고리오스 팔라마스의 권위를 빌려 분명하게 말하고자 한 것도 바로 이것이다.

> 이 점과 관련하여 그레고리오스 팔라마스 성인이 하신 말씀을 들어 보라. "하느님의 계명에 따라 끊임없이 기도하는 것만으로는 충분치 않다. 우리는 이 가르침을 수도승, 평신도, 지성인, 일반인, 남자, 여자, 아이, 어른 할 것 없이 모든 사람들에게 전해야 한다. 그래서 그들 안에서 내적 기도에 대한 열심을 일깨워야 한다."[94]

러시아 각계각층으로 예수 기도가 전파되는 데는 크론스타트의 사제였던 성 요한(1829-1908)의 업적과 인격도 크게 한 몫을 했다. 상트페테르부르크의 군항도시로 핀란드 만의 한 섬에 위치한 크론스타트의 아주 소박한 이 교구 사제는 기적적인 치유와 예언의 능력으로 러시아에서 아주 놀라운 명성을 얻었다. 수많은 사람들이 이 기적들을 성인의 중보 때문이었다고 고백했다. 오늘날까지도 많은 사람들은 혁명 전야에서

---

93 위의 책, p. 26-35.
94 위의 책, p. 71.

이 기적의 치유자 성인이 등장한 것을 러시아 그리스도인들을 향한 하느님의 확고한 호의의 한 징표로 생각한다.

크론스타트의 성 요한 또한 여러 가지 면에서 헤지카스트 전통 위에 서 있다. 무엇보다도 우리는 그가 예수 기도를 실천했고, 또 이것을 끊임없이 권면했다는 사실을 알고 있기 때문이다.

> 악한 영의 끊임없는 공격에 저항하기 위해서는 끊임없이 자기 마음속에 예수 기도를 간직해야 한다. "하느님의 아들 예수여, 나를 불쌍히 여기소서." 보이지 않는 악마들에 맞서 보이지 않으시는 하느님으로, 힘센 자에게는 전능하신 분으로 맞서야 한다.[95]

다른 한편, 성 요한 사제는 자신의 저작에 『그리스도 안에서의 나의 삶』(*Ma vie en Christ*)[96]이라는 제목을 붙임으로써 분명 14세기 성사적 신비 영성에 대한 위대한 증언을 제공해 준 니콜라스 카바질라스의 저작에 크게 의지하고자 했다. 카바질라스의 저작은 이미 러시아어로 번역된 상태였다. 사실 악의 다양한 발현에 맞서 투쟁하면서 크론스타트의 성 요한은 언제나 자신의 치유 기적의 능력과 자신의 사제직까지도 성사적 은총의 표현으로 이해했다.

---

95 Cité par A. Semenoff-Tian-Chansky, *Le Père Jean de Cronstadt*, en russe, New York, 1955, p. 201.
96 크론스타트의 성 요한, 『그리스도 안에서의 나의 삶』, 박노양 역, 정교회출판사, 2014.

사제와 목자로 서품 받은 나는 나의 적이 누군지를 재빨리 이해했다. 그것은 세상의 왕 노릇 하는 힘세고 사악한 영이다. 선한 목자이신 주님은 내게 시련을 주셨고 나는 믿음과 기도와 인내와 그리스도의 신비스런 성체성혈을 무기로 삼아 내 원수들과 싸웠다. 이 전쟁에서 나는 진정한 믿음, 소망, 인내, 기도, 마음의 정결함, 예수 그리스도의 이름을 끊임없이 부르는 기도를 배웠다.[97]

이와 같이 그리스도교적인 삶에 대한 드라마틱한 이해, 그리스도 중심주의, 예수 기도에 대한 끊임없는 의지, 또한 그

---

97 위의 책.

▲ 크론스타트의 성 요한
1829년~1908년, 12월 20일(축일)

레고리오스 팔라마스와 니콜라스 카바질라스가 그토록 애써 지키고자 했던 철저한 성만찬적 실재론에 바탕을 둔 성 요한 사제의 영성 안에서, 우리는 사막 교부들과 비잔틴 헤지카스트의 전통을 온전히 재발견한다. 요한 사제는 이렇게 쓰고 있다.

> 성체성혈 성사를 집전하지 않을 때 나는 죽는다. 그 희생의 장엄함 앞에서, 그 속에 계시된 헤아릴 수 없는 사랑 앞에서, 우리를 신화시키는 죽음 앞에서, 하느님의 전능하심 앞에서, 이 기적 앞에서 나는 전율한다. 오 주 예수 그리스도여! 당신은 전부입니다! 우리는 당신을 봅니다. 우리는 당신을 만집니다. 우리는 당신을 느낍니다![98]

이처럼 최근 시대에 그토록 많은 결실을 맺게 한 신비 영성 전통이 러시아 그리스도교가 지난 수십 년간 겪어야만 했던 큰 시련에도 불구하고 살아남을 수밖에 없으리라는 것은 의심의 여지가 없다. 지금 러시아의 종교 상황에 대해 우리가 아는 것은 매우 파편적이고 너무도 표피적이어서 마음속에 예수 이름을 간직한 채 러시아의 광대한 삼림 속 오솔길을 끊임없이 걸어가는 '순례자들'이 있는지 또 어느 지방에 요한 사제와 같은 거룩한 사제가 있을지 우리는 알 길이 없다. 아마도 우리는 언젠가 바로 그들이야말로 역사 한가운데서 예수 그

---

98   위의 책, p. 66-67.

리스도 안에서 신화된 인류가 실제적으로 존재할 수 있다는 메시지의 담지자였음을 알게 될 날을 보게 될 것이다.

성찬예배를 집전하는 성 대 바실리오스 ▲
11세기(프레스코), 성 소피아 성당, 오흐리드

결론

4세기부터 20세기까지 동방 그리스도교 안에서, '순수기도'의 전통은 놀라운 연속성을 증명해 주었다. 수많은 스승은 이 전통 안에 다양한 형태의 유산을 남겨 주었지만, 에바그리오스의 지성주의가 그리스도 중심적이고 성사적인 신비 영성 안에 결정적으로 흡수된 이래로, 육화하신 하느님의 이름에 초점을 두고 전인적으로 실천된 '끊임없는 기도'의 원칙은 결코 흔들린 적이 없다. 지극히 내적이고 개인적인 이 신심은 인간을 교회 공동체로부터 고립시키기는커녕 보다 영속적인 방식으로 이와 묶일 수 있게 해 주는 초자연적인 수단이 되었다. 기도하는 자가 마음속에서 찾는 그리스도와 그가 부르는 하느님의 이름은, 세례와 성체성혈 성사를 통해서 교회의 몸에 접붙여져 있을 때에만, 기도하는 자 안에 있을 수 있다. 교부들이 이해한 예수 기도는 성사가 제공하는 구원의 은총을 대신할 수 없다. 예수 기도는 그 은총의 충만한 실현을 추구할 뿐이다. 이렇게 헤지카스트 전통은 영적 지도자들이 그토록 자주 던진 하나의 질문, 즉 개인적 신심과 전례적 신심을 어떻게 조화롭게 할 것인가라는 문제에 대해 균형 잡힌 해답을 내놓았다.

헤지카스트 박사들이 이 균형을 발견할 수 있었던 것은 분명 그들이 성경으로부터 물려받은 인간론 덕분이었다. 그리스도교 신앙의 역사에서 플라톤주의적 이원론처럼 큰 해악을 끼친 사상은 없다. 이 이원론은 인간을 물질 속에 갇힌, 본질적으로 불멸하며, 물질을 초월한 실존을 열망하는 하나의 정신(혹은 하나의 영혼)으로 이해하였고, 역사적 그리스도교 공동체는 그것의 창백한 반영일 뿐이라고 이해하였다. 하느님의 육화도, 죽은 자의 부활도, 예수가 지상에 세운 실제적 공동체도, 성체성혈 성사의 물질성도 참된 종교적 관심을 대표할 수 없었다. 하느님의 계시는 그 근본에 있어서 오직 정신, 지성, 상상, 감정, 다시 말해 죽어도 사라지지 않으며 비물질적 존재의 속성을 구성하는 어떤 영속적 능력에 주어진 것이라는 주장이다. 이런 인간학적 관점에서는 모든 신앙이 불가피하게 주관주의가 되어 버린다.

반대로 객관적 관상(견신 見神)의 추구, 다시 말해 전인적 존재(몸과 영혼의 통일체)로 이해된 인간이 하느님을 객관적으로 보

는 것은 헤지카스트 신비 영성의 고유한 특징을 이룬다. 이 중차대한 문제를 교리적으로 규정함에 있어서 그레고리오스 팔라마스는 핵심적인 역할을 했고, 바로 이 때문에 정교회 전통에서 그가 점하고 있는 중요한 위상은 당연한 것이다. 은총을 받는 것은 전 존재로서의 인간이지 분리되어 독자적으로 존재할 수 있다고 생각되는 인간의 상상력이나 영혼이나 몸과 같이 인간을 구성하는 이런저런 부분이 아니다. 그래서 헤지카즘의 대가들은 단지 육신으로 보는 것만을 주장하는 이들에 대해서, 또는 단지 상상으로 보는 것만을 주장하는 이들에 대해서 쉬지 않고 반대해 왔던 것이다. 이것들은 둘 다 인간의 통일성을 파괴하고 싶어 하는 악마의 유혹이다. 그리스도가 오셔서 인간에게 불멸성을 주심으로써 이 통일성을 회복하셨

▲ 짜르 이반 알렉산더의 복음경
14세기, 대영도서관, 런던

다. 홀로 버려진 육안도, 육신으로부터 해방된, 그래서 불완전하고 메마른 것일 수밖에 없는 지성이나 상상력도, 그 어느 것도 세례조에서 나올 때 홀로 그리스도의 은총을 받지 못한다.

헤지카스트들은 이 일원론적 인간론의 틀 안에서 교부들의 신화(神化 déification) 교리를 탐구했다. 신화는 단지 지성의 초자연적인 속성인 것처럼 이해되지 않는다. 그것은 어떤 비물질화(dématérialisation)도 전제하지 않는다. 이집트의 마카리오스 성인으로부터 사로브의 세라핌 성인에 이르기까지, 동방 그리스도교 신비가들은, 하느님과의 교제는 (몸과 영혼으로 구성된) 인간 전체를 포괄하고, 하느님의 빛은 종종 신화된 인간의 몸에서 빛나기도 하며, 이 빛은 마지막 날에 있을 부활의 선취라고 주장해 왔다. 이것이 과연 영적인 범주로는 올라갈 수 없는 조잡한 물질주의일 뿐인가? 물론 그 정반대다.

헤지카스트들의 '물질주의'(matérialisme)는 하느님의 초월성에 대한 성경적 확언과 긴밀하게 연결되어 있다. 말하자면 하느님은 단지 물질을 초월해 계신 것이 아니다. 그분은 지성도 초월하신다. 물질보다 창조된 지성이 하느님에 더 가까운 것이 아니다. 하느님의 위엄과 전능 앞에서는 둘 다 지극히 하찮은 존재일 뿐이다. 역으로 하느님은 원하신다면 지성만큼이나 쉽게 육안에도 자신을 드러내실 수 있다. 그렇다면 왜 플라톤주의적 정신주의(spiritualisme)의 범주들로 은총의 영역을 제한해야 한단 말인가?

하느님의 이 절대적 초월성과 전능은 팔라마스 신학의 놀라운 힘과 명증성을 통해 강렬하게 표현된다. 여기서 신학과 영성을 분리하는 것은 헛된 것이 될 것이다. 신학적 실존주의와 헤지카스트 신비 영성은 동일한 하나의 진리의 필연적인 두 측면이다.

이렇게 팔라마스의 승리는 르네상스의 이교적 휴머니즘에 대한 그리스도교적 휴머니즘의 승리였다. 이 논쟁의 중대성을 제대로 평가하려면, 그 논쟁을 후대 역사에 비추어서 고찰해야 한다. 14세기 동방교회 앞에는 피할 수 없는 하나의 선택이 놓여 있었다. 성경에 바탕을 둔 통일된 인간 개념, 구속의 은총의 즉각적인 효과는 인간 활동의 모든 영역을 망라한다는 주장이 한편을 이루고, 다른 한편에는 물질에 대하여 인간 지성의 독립성(indépendance) 혹은 적어도 자치성(autonomie)을 주장하면서 이 지상에서부터 실제적인 신화가 가능하다는 것을 부정했던 지성적 정신주의가 있었다. 근대의 세속주의가 이 후자의 입장에서 나왔다는 것은 이론의 여지가 없다.

헤지카스트 전통의 영속성과, 최근세(最近世) 정교회 안에서 이 영성이 크게 개화한 것은 분명 이 전통과 잘 조응했던 교리적 인간학적 일관성이 없었다면 불가능했을 것이다. 그것은 이런저런 영적 실천이나 효력 있는 기도 방법이 아니라 인간에 대한, 하느님에 대한, 또 예수 그리스도가 신자들의 마음속에 현존하신다는 일련의 계시 진리에 대한 굳은 확신이다. 정교회는 팔라마스를 시성함으로써 이 진리에 대한 자신의 신실함을 선언했고, 르네상스 이후 현대 문명의 기초를 이루고 있는 일련의 교리적 윤리적 원칙을 분명하게 거부하였다. 몇 세기 동안 이 전통은, 교회가 과거 안에 고착되어 인간은 독자적으로 무한한 가능성을 가지고 있으며 인간 문명은 끝없이 진보할 것이라고 믿는 낙관적인 인문주의의 쾌거들에 무감각한 것처럼 여겨지게 만들었다. 하지만 우리는 '자립적' 과학의 무제한적인 진보가 드러내는 무시무시한 광경들로 말미암아 이 낙관주의가 점점 더 신중하게 성찰되고 있는 시대에 이르렀다. 인간이 헛되이 추구하였던 자기신화화(自己神化化 autodéification)는 점점 더 하나의 환상이었음을 보여주고 있다. 하지만 인간은 종종 그리스도교의 본질인 것처럼 제시되곤 했던 이 합리적 정신주의를 만족시키는 데 물질이 놀라운 효과를 발휘한다는 사실을 승인했다. 인간은 역사 속에, 있는 그대로의 인간 안에, 일상적 현실 안에 현존하고 행동하시는 하느님을 찾는다.

오직 복음만이 그럴 수 있으므로, 우리 시대가 제기한 모든 문제에 대해 답을 내놓지는 않았지만, 이렇게 헤지카스트 영성은 하느님과 인간에 대한 성경적 개념에 충실했다는 점에서, 또한 하나의 유일무이한 현실인 육화하신 하느님의 아들 예수에 중심을 둔, 철저하게 단순해진 그 신심의 특징으로 인해서 놀라운 시사성을 얻는다. 이렇게 동방 정교회에서 영속적으로 이어져 내려온 헤지카스트 전통은 어떤 영성 학파의 절대화가 아니라 그리스도교의 삶 전체에 필요한 '단 한 가지가' 무엇인가에 대한 진지한 질문과 해답으로 간주되어야 한다. 이런 점에서 우리는 예수 기도를 정교 영성의 전적인 발현이라고 말할 수 있을 것이다.

연대기
색인
참고 문헌

▪ 연대기

	동방	서방
48 - 49	예루살렘 사도 공의회 (사도행전 15장)	
45 - 58	바울로의 선교	
64 - 67		베드로와 바울로의 로마 순교
100	사도 요한 안식	
324	새로마 콘스탄티노플 도시 창건	
325	1차 세계 공의회, 니케아	
381	2차 세계 공의회, 콘스탄티노플	
400	대 마카리오스와 폰투스의 에바그리오스 안식	
430 - 435		요한 카시아누스 안식
431	3차 세계 공의회, 에페소	
450	디아도코스, 포티케 주교	
451	4차 세계 공의회, 칼케돈	훈족의 침략
	단성론파(콥틱, 에디오피아, 아르메니아, 시리아 교회)의 분열	
476		서로마 제국의 멸망

547	베네딕투스 안식
553	5차 세계 공의회, 콘스탄티노플
554	유스티니오스 황제, 이탈리아와 아프리카 재정복
587	(스페인) 니케아-콘스탄티노플 신조에 필리오케 삽입
590 - 604	대 그레고리우스, 교황
650	요한 클리막스 안식
662	고백자 막시모스 안식
680 - 681	6차 세계 공의회, 콘스탄티노플
692	트룰로 공의회 (퀴니섹스툼 공의회)
726	이콘파괴주의 발흥
787	
792	카롤링거, 그리스인들 이단으로 단죄(『카롤링의 서』)
800	카롤링거, 로마에서 황제 즉위
843	이콘파괴주의에 대한 정교의 최종적 승리
860	교황 니콜라스 1세, 포티우스의 총대주교 착좌 인정 거부
863	불가리아 민족의 세례

867	포티오스에 의해 니콜라스 1세 퇴위
879 -880	콘스탄티노플 공의회, 교황 요한 8세와 포티오스의 화해
998	러시아 민족의 세례
1014	(로마 교회) 신조에 필리오케 삽입 승인
1022	신신학자 시메온 안식
1054	교황 레온 9세의 특사, 미카엘 케룰라리오스 파문
1073 -1085	그레고리우스 7세, 교황
1198 -1216	이노켄티우스 3세, 교황
1204	십자군의 콘스탄티노플 약탈
1226	아씨시 프란체스코 안식
1240	몽고의 키예프 침략
1261	미카엘 8세 팔레올로고스의 콘스탄티노플 탈환
1274	리용의 일치 공의회, 토마스 아퀴나스, 보나벤투라 안식
1280	헤지카스트 니케포로스 안식
1296	그레고리오스 팔라마스 탄생
1308	둔스 스코투스 안식

1316	그레고리오스 팔라마스 아토스 행	
1326	필라델피아의 테올렙토스 안식	
1327		마이스터 에크하르트 안식
1341	1차 팔라마스 공의회	
1347	2차 팔라마스 공의회	오캄의 윌리엄 안식
1351	3차 팔라마스 공의회	
1359	그레고리오스 팔라마스 안식	
1368	그레고리오스 팔라마스 시성	
1371	니콜라스 카바질라스 안식	
1378 - 1429		서방교회의 대분열
1392	라돈네즈의 세르기오스 안식	
1414 - 1418		콘스탄츠 공의회
1431 - 1449	몽고, 러시아 지배 종식	바젤 공의회
1438 - 1439		피렌체 일치 공의회
1446	모스크바, 독립교회	
1453	터키 침략과 콘스탄티노플의 멸망	

1505	소라의 닐, 모스크바 공의회에서 수도원의 가난 옹호	
1507		루터의 면벌부 비판
1545 -1563		트리엔트 공의회
1546		루터 안식
1551	모스크바 공의회(『백장』)	
1564		칼뱅 안식
1582		아빌라의 성녀 테라사 안식
1589	모스크바 총대주교 관구 승격	
1596	폴란드 정교회 일부 로마와의 일치 (유니아트 교회)	
1629	키릴로스 루가리스의 칼뱅주의 신조	
1641		얀센의 저작 『아우구스티누스』 단죄
1642	자씨(Jassy) 공의회, 프로테스탄트의 오류 단죄	
1652 -1658	니콘 총대주교, 러시아 교회 개혁, '구신도들'의 분열	
1672	예루살렘 공의회	
1713		교황 칙서, 『우니게니투스』 발표, (Unigenitus)
1721	피터 대제, 모스크바 총대주교좌 제거하고 '성 시노드'로 대체	

1782	아토스 성산의 성 니코데모스, 『필로칼리아』편찬 간행	
1789		프랑스 혁명
1794	파이시 벨리츠코프스키 안식	
1821	옵티나 은수처의 혁신	
1833	사로브의 세라핌 안식	
1850	그리스, 독립 교회	
1854		1차 바티칸 공의회, 성모무흠수태 교리
1870	불가리아, 독립교회 (1946년에 인정)	
1879	세리비아, 독립교회	
1881	루마니아, 독립교회	
1908	크론스타트의 요한 안식	
1917 - 1918	모스크바 총대주교좌 재건	

색인

저서

『거룩한 집중의 방법』 *Méthode de la sainte attention*　80, 86, 113
- 위(僞) 시메온

『거룩한 헤지카스트들을 변호하기 위한 세 편의 글』　117, 118, 138
Triades pour la défense des saints hésychastes
- 성 그레고리오스 팔라마스

『규칙』 *Régle*　209
- 성 닐 소르스키

『그리스도 안에서의 나의 삶』 *Ma vie en Christ*　220
- 크론스타트의 성 요한

『그리스도 안에서의 삶』 *Vie en Jésus Christ*　175
- 성 니콜라스 카바질라스

『기도에 관하여』 *De la prière*　28
- 위(僞) 에바그리오스

『낙원의 사다리』 *Echelle du Paradie*　42, 44, 45, 83
- 성 요한 클리막스

『러시아 순례자 이야기』 *Récits d'un pèlerin russe*　187, 216
- 익명의 저자

『마음의 간수에 대하여』 *Sur la garde du coeur*　72, 76 113
- 성 니케포로스

『모토빌로프와의 대화』 *Dialogues avec Motovilov*　213
- 사로브의 성 세라핌

『백장百章』 *Centurie*　171
- 성 칼리스토스와 성 이그나티오스 크산토풀로스

색인　241

『성 안토니오스의 생애』 *Vie de St. Antoine*   74
┃알렉산드리아의 성 대 아타나시오스

『아토스 성산의 선언』 *Tome Hagiorétique*   118, 207
┃아토스 성산의 수도승들

『영신 수련』 *Exercices spirituels*   184
┃성 이냐시오 로욜라

『영적 설교』 *Homélies 29, 30, 33, 73*
┃성 마카리오스

『영적 완전에 대하여』 *Chapitres sur la perfection spirituelle*   39
┃포티케의 성 디아도코스

『영적 투쟁』 *Combattimento spirituale*   184
┃로렌조 스쿠폴리

『자주 성체성혈을 모셔야 함에 대하여』 *De la communion fréquente*   185
┃아토스 성산의 성 니코데모스

『정교 시노디콘』 *Synodikon de l'Orthodoxie*   131

『제자들에게 주는 교훈』 *Instruction à ses disciples*   197
┃성 닐 소르스키

『필로칼리아』 *Philocalie des Pères neptiques*   183, 186, 187, 216, 217, 218
┃아토스 성산의 성 니코데모스와 고린토의 성 마카리오스

『도브로톨류비에』(필로칼리아의 러시아 번역본) *Dobrotolijbié*   187
┃성 파이시 벨리츠코프스키

인명

ㄱ

그레고리오스, 나지안주스
St. Grégoire de Nazianze
22

그레고리오스, 니싸
St. Grégoire de Nysse
22, 41, 50, 51, 53, 55, 56, 60, 156

그레고리오스, 팔라마스
St. Grégoire Palamas
7, 68, 72, 79, 81, 86, 89, 91, 92, 93, 101, 102, 103, 104, 112, 117, 118, 126, 127, 130, 131, 133, 134, 136, 137, 138, 140, 144, 145, 146, 148, 149, 151, 152, 153, 155, 156, 158, 159, 160, 161, 162, 164, 165, 169, 173, 175, 176, 187, 219, 222, 227, 229, 230

그레고리오스, 시나이
St. Grégoire le Sinaïte
44, 71, 80, 81, 83, 85, 87, 88, 169, 170, 188, 193, 200

ㄴ

니케포로스 그레고라스
Nicéphore Grégoras
131, 240

니케포로스, 헤지카스트
Nicéphore hésychaste
44, 72, 74, 75, 78, 79, 80, 113, 136, 139, 170, 171, 172, 183

니코데모스, 아토스 성산
Nicodème l'Hagiorite
182, 184, 186 187, 204, 240

니코데모스, 팔라마스의 스승
Nicodème
101, 102

니콜라이 고골
Nikolai Gogol
207

니콜라스 카바질라스
Nicolas Caba-silas
173, 175, 176, 177, 178, 179, 220, 222

닐 소르스키
Nil Majkov de Sora
197, 198, 199, 200, 202, 209

닐 마이코프, 소라
Nil Majkov de Sora
193

닐로스
Nil
27

ㄷ

다비드 디시파토스
David Dishypate
86

도스토예프스키
Dostoïevsky
207, 208

디미트리오스 키도네스
Démétrius Cydonès
173

디아도코스, 포티케
Diadoque de Photicé
38, 39, 50, 74

색인 243

디오니시오스
Denys l'Aréophasite
56, 109, 111, 115, 137

ㄹ

레오니드
Léonide d'Optino
208, 209

로렌조 스쿠폴리
Lorenzo Scupoli
184

루이, 경건한
Louis le Pieux
109

ㅁ

마르코스
Marc l'Ermite
86, 170

마카리오스, 고린토
Macaire de Corinthe
182

마카리오스, 옵티나
Macaire d'Optino
206, 208, 209

마카리오스, 이집트
Macaire d'Egypte
27, 28, 30, 32, 34, 36, 38, 39, 73, 74,
78, 86, 136, 140, 170, 179, 183, 228

막시모스, 고백자
Maxime le Confesseur
50, 56-62, 120, 156, 163

막시모스 트리볼리스, 그리스인
Maxime Trivolis le Grec
182

멜기세덱
Melchisédech
57, 58

모세
Moïse
41, 42, 52, 61, 156

ㅂ

바실리오스, 케사리아
Basile de Césarée
22, 61, 204

바울로, 성사도
Paul de Tarse
18, 33, 41, 57, 58, 69, 109, 139, 145,
153, 155, 158, 178, 179

발람, 칼라브리아
Barlaam de Calabre
86, 107, 109, 111, 112, 116, 118, 120,
122, 126, 136, 137, 140, 144, 145,
152, 169

베네딕투스
Benois
96, 195

베네딕투스 12세, 교황
Benoît XII
109

ㅅ

세라핌, 사로브
Séraphim de Sarov
205, 210, 211, 215, 228

세르기오스, 라도네즈
Serge de Radonez
193

솔로비에프
Soloviev
207

시메온, 신신학자
Syméon le Nouveau théologien
61, 68, 69, 71, 74, 86, 101, 113, 170, 200

ㅇ

아우구스티누스
Augustin d'Hippone
139

아킨디노스
Akindynos
107, 127 130, 131

아타나시오스 1세, 총대주교
Athanase I, Patriarche
80, 81, 91

아타나시오스, 아토스 성산
Athanase de l'Athos
95, 96, 97, 102

아타나시오스, 알렉산드리아
Athanase d'Alexandrie
74

안나, 사부아
Anne de Savoie
129

안토니오스, 이집트 대수도자
Antoine d'Egypte
74, 85, 94, 98

암브로시오스, 옵티노
Ambroise d'Optino
204, 208, 209

알렉시오스 아포카프코스, 대공작
Alexis Apocaucos
129

에바그리오스, 폰투스
Evagre le Pontique
22, 27, 30, 32, 38, 39, 61, 69, 86, 115, 136, 183, 225

에프티미오스, 불가리아 총대주교
Euthime, le Patriarche de Boulgarie
83

오리게네스
Origène
28, 41, 51, 163

요한 모스코스
Jean Moschos
101

요한, 복음사가 사도
Jean Evangéliste
52

요한, 세례자
Jean Baptiste
14, 17

요한 이탈로스
Jean Italos
126

요한 칸타쿠제노스
Jean Cantacuzène
109 129, 131, 133, 173

요한 칼레카스, 세계총대주교
Jean Calécas
129, 131

요한 크론스타트
Jean de Cronstadt
219, 220, 222

요한 크리소스토모스
Jean Chrysostome
176, 200, 204

요한 클리막스
Jean Climaque
38, 42, 44, 50, 62, 73, 74, 81, 188, 200

유스티니아누스 황제
Justinien le Grand
21, 41

오르칸, 아미르
emir Orkhan
134

이그나티오스 크산토풀로스
Ignace Xanthopoulos
80, 171

이냐시오, 로욜라
Ignace de Loyola
184

이삭, 니느웨
Isaac de Ninive
200

이시도로스, 세계총대주교
Isidore de Constantinople
104, 170, 189

ㅈ

조시프, 볼로크
Joseph de Volok
195, 197, 204

ㅋ

칼리스토스, 세계총대주교
Calliste
80, 81, 86, 170, 171, 189

키프리아노스, 키예프 대주교
Cyprien, métropolite du Kiev
83, 192, 193

ㅌ

테오도시오스, 트로노보
Théodose de Trnovo
83, 170

테오도시오스, 팔라마스의 형제
Théodose
102

테올렙토스, 필라델피아 대주교
Théolepte de Philadelphie
80, 81, 85, 94, 104

토마스 아퀴나스
Thomas d'Aquin
110, 173

톨스토이
Léon Tolstoï
207

ㅍ

파이시 벨리츠코프스키
Païssy Velitchkovsky
186, 187, 188, 191, 204, 205, 206, 209

팔레올로고스, 미카엘 8세
Michel VIII Paléologue
72

팔레올로고스, 안드로니코스 2세
Andronic II Paléologue
91 93

팔레올로고스, 안드로니코스 3세
Andronic III Paléologue
109, 129

페트라르카
Pétrarque
122

프란체스코
François d'Assise
69

필라렛, 모스코바 대주교
Philarète de Moscou
166

필로테오스, 세계총대주교
Philothée Patriarche
79, 85, 134, 190

필론
Philon d'Alexandrie
51

지 명

네암트
Néamt
186, 187

다볼 산
Mont Thabor
42, 49, 142, 143, 149, 150, 153

모스크바
Moscou
194, 195, 203, 206,

베니스
Venise
183

베레
Berrhée
104, 105, 106, 107

벨루제로
Beloozero
193

상트페테르부르크
Saint-Pétersbourg
187, 219

소라
Sora
194

시나이 산
Mont. Sinaï
41, 42, 44, 71

아말피
Amalfi
96

아테네
Athènes
109, 140, 186

아프센티오스 산
Mont-Saint-Auxence
95, 101

올림피아 산
Mont-Olympe
95

옵티나
Optino
186, 205, 206, 207, 208, 209, 210

자고르스크
Zagorsk
193

카리에스
Karyès
72, 118, 120

콘스탄티노플
Constantinople
18, 58, 61, 91, 92, 93, 95, 104, 105, 109, 111, 112, 122, 133, 134, 170, 181, 185, 186, 188, 203

키예프
Kiev
83, 188, 192,

코젤스크
Kozelsk
205

테살로니키
7, 104, 112, 117, 131, 133, 134, 146, 147

◾ 수도원

글로시아 은수처
Glossia Skite
103

까떼리나 수도원, 시나이
Monastère Sainte-Catherine du Sinaï
41, 42, 81, 83

디오니시오스 대수도원
Monastère de Dionysiou
182

마굴라 스키티
Magoula Skite
81

마마스 수도원
Monastère Saint-Mammas
61, 71

메기스티 라브라
Monastère de la Grande Laure de l'Athos
95, 102, 106

바토페디 대수도원
Monastère de Vatopedi
101

사바스 은수처
Saint-Sabbas Skite
106, 107, 112, 117

삼위일체 대수도원
Laure de la Trinité-Saint-Serge
193

성 소피아 대성당, 콘스탄티노플
La basilique Sainte-Sophie de Constantinople
92, 122

성 소피아 대성당, 테살로니키
La basilique Sainte-Sophie de Salonique
147

에스피그메누 대수도원
Monastère d'Esphigmenou
107

키릴로스 수도원
Monastère de Kirillo-Belozersky
193, 194

파로리아 은수도처
Paroria Skite
188

힐란다리 세르비아 대수도원
Monastère de Hilandar
188

세례자 요한의 참수 기념 은수처
Décollation de Jean-Baptiste Skite
206

스투디오스
Stoudios
18, 61, 62, 188, 195,

엘리야 예언자 스키티
Prophète Élie Skite
186

색인 249

기타

르네상스
Renaissance
8, 83, 110, 122, 126, 175, 187, 229, 230

메살리아니즘
115, 117, 156

메살리안
Messalien
30, 32, 33, 38, 113, 115, 156

반복 신학
126, 127

보고밀
Bogomile
113, 156

부정 신학
Apophatisme
56, 111, 115

스타레츠
Starets
83, 186, 187, 197, 203, 205, 206, 207, 208, 209, 213, 217, 218

신플라톤주의
Néoplatonisme
22, 27, 32, 28, 50, 54, 69, 113, 117, 122, 123, 124, 126, 137, 138, 163, 226

신화
Déification
49, 50, 56, 60, 120, 138, 150, 154, 156, 158, 161, 178, 222, 228, 229

에네르기아
les Énergies Divines
55, 56, 57, 58, 59, 60, 68, 117, 156, 158, 159, 160, 161, 162, 163, 164

예수 기도
Prière du cœur
28, 29, 38, 39, 47, 61, 104, 171, 183, 200, 216, 217, 218, 219, 226, 231

유명론
Philosophie nominaliste
110, 112, 115, 118, 122, 126, 152, 159, 173

필리오케
Filioque
111

헤지카스트
Hésychaste
42, 45, 46, 60, 71, 73, 74, 79, 80, 83, 84, 86, 92, 101, 104, 112, 115, 124, 133, 136, 138, 140, 143, 146, 149, 161, 170, 171, 175, 176, 179, 181, 183, 184, 185, 186, 188, 192, 194, 197, 202, 204, 205, 207, 213, 216, 220, 222, 226, 227, 228, 229, 231

헤지카즘
Hésychasme
39, 41, 46, 71, 72, 81, 83, 85, 89, 91, 107, 136, 169, 1

헤지키아
Hésychia
47, 61, 85, 203

참고 문헌

◎ 프랑스어로 번역된 교부 원전

Ascètes russes, textes traduits, choisis et présentés par S. Tyszkiewicz, S.J. et Dom Th. Belpaire, O.S.B., éd. du Soleil Levant, Namur, 1957.

Diadoque de Photicé, *Cent Chapitres sur la perfection spirituelle*, trad. Édouard des Places, coll. Sources chrétiennes n° 5 bis, Paris, 1956.

Évagre le Pontique, *Traité de l'oraison*, traduit et commenté par Irénée Hausherr dans *la Revue d'ascétique et de mystique*, XV, 1934.

Grégoire de Nysse, *Vie de Moïse*, Introduction et traduction de Jean Daniélou, deuxieme èdition, coll. Sources chrétiennes, n° 1 bis, Paris, 1955.

Grégoire Palamas, *Triades pour la défense des saints hésychastes*, trad. Jean Meyendorff, Louvain, 1959.

Jean de Cronstadt, *Ma vie en Christ*, trad. Dom A. Staerk, O.S.B., Lethielleux, Paris, 1902 ; 한글번역판,『그리스도 안에서의 나의 삶』, 박노양 옮김, 정교회출판사, 2014.

Jean Gouillard, *Petite Philocalie de la prière du coeur*, coll. « Points Sagesses », n° 20, Seuill, Paris, 1979.

Nicolas Cabasilas, *La Vie en Jésus-Christ*, trad. Serge Broussaleux, Amay-sur-Meuse, 1934 ; 한글 번역판,『그리스도 안의 삶』, 황애경 옮김, 한국 정교회 출판부, 2008.

Philocalie des Pères neptiques : composée à partir des Écrits des Saints Pères qui portaient Dieu, Desclée de Brouwer/Lattès, 1995 ; 한글 번역판,『필로칼리아』총 5권, 은성출판사.

Récits d'un pelerin russe, coll. « Points Sagesses », n° 14, Seuil, Paris, 1978 ; 한글 번역판, 『이름없는 순례자』, 최익철 옮김, 가톨릭 출판사.

Séraphin de Sarov, *Sa vie : Entretiens avec Motovilov*, Desclée de Brouwer, 1975 ; 발렌틴 젠더, 『사로브의 천사. 세라핌 성인』, 박노양 옮김, 한국정교회 출판부, 2007.

Syméon le Nouveau Théologien, *Discours*, dans *Vie spirituelle*, XXI, 1931 ; *Chapitres théologiques, gnostiques et pratiques*, trad. Jean Darrouzès, coll. Sources chrétiennes, n° 51, Paris, 1957 ; Cf. aussi sa *Vie*, par Nicéthas Stétathos, éd. Irénée Hausherr, dans *Orientalia Christiana*, 1928, tome XII.

◎ 연구서와 연구 논문

Centre d'études supérieures spécialisé d'histoire des religions de Strasbourg, *Aspects de l'orthodoxie : structures et spiritualité*, PUF, 1981.

Élisabeth Behr-Sigel, *Prière et Sainteré en Russie*, Éditions du Cerf, Paris, 1950.

Fraternité orthodoxe saint Grégoire Palams, *Synodicon de l'orthodoxie*, L'Âge d'homme, 1995.

Grégoire Palams, *De la déification de l'être humain*, L'Âge d'homme, 1990.

Irénée Hausherr, *La Méthode d'oraison hésychaste*, dans *Orientalia Christiana*, Rome, 1927, tome IX.

Ivan Kologrivof, *Essai sur la sainteté en Russie*, Éditions Beyaert, Bruges, 1953.

Jacques Lison, *L'Esprit répandu : la pneumatologie de Grégoire Palamas*, Éditions du Cerf, Paris. 1994.

Jacques Touraille, *Le christ dans la philocalie*, Desclée de Brouwer, 1995.

Javier Melloni, *Les Chemins du coeur : la connaissance spirituelle dans la philocalie*, Desclée de Brouwer, 1995.

Jean Meyendorff, *Introduction à l'étude de Grégoire Palams*, Paris, Seuil. 1959.

Michaël Lot-borodine, *Un maître de la spiritualité byzantine au XIVe siècle : Nicolas Cabasilas*, Éditions de l'Orante, Paris, 1958.

Placide Delseille, *La Spiritualité orthodoxe et la Philocalie*, Bayard Éditions, 1997.

Serge Boulgakov, *L'Orthodoxie*, L'Âge d'homme, 2001.

Un moine de l'Église d'Orient, *La Prière de Jésus*, coll. « Livre de vie », Seuil, Paris, 1974.

Un moine de l'Église orthodoxe de Roumanie, *L'avénement Philocalique dans l'orthodoxie roumaine*, dans la revue *Istina*, 1958, nos 3 et 4.

Vladimir Lossky, *Essai sur la théologie mystique de l'Église d'Orient*, Éditions du Cerf, Paris, 1990 ; 한글번역판, 블라디미르 로스끼,『동방 교회의 신비신학에 대하여』, 박노양 옮김, 정교회출판사, 2019.

개정증보판 1쇄 인쇄		2019년 3월 10일
개정증보판 1쇄 발행		2019년 3월 10일

지은이	존 메이엔도르프
옮긴이	박노양 그레고리오스
펴낸이	조성암 암브로시오스 대주교
펴낸곳	정교회출판사
출판등록	제313-2010-5호
주소	서울시 마포구 마포대로18길 43
전화	02-364-7020
팩스	02-6354-0092
홈페이지	www.philokalia.co.kr
이메일	orthodoxeditions@gmail.com

ISBN 978-89-92941-55-6 93230

정가 13,800원

이 도서의 국립중앙도서관 출판예정도서목록(CIP)은
서지정보유통지원시스템 홈페이지(http://seoji.nl.go.kr)와
국가자료종합목록시스템(http://www.nl.go.kr/kolisnet)에서 이용하실 수 있습니다.
(CIP제어번호 : CIP2019008370)

* 잘못된 책은 바꿔드립니다.

이 책의 한국어판 저작권은 Seuil사와 독점계약한 정교회출판사에 있습니다.
저작권법에 의해 한국 내에서 보호를 받는 저작물이므로 무단 전재 및 무단 복제를 금합니다.